区块链与产业新机遇

Blockchain and New Opportunity for Industry

刁生富 冯桂锋 吴选红 著

电子工业出版社
Publishing House of Electronics Industry
北京·BEIJING

未经许可，不得以任何方式复制或抄袭本书之部分或全部内容。
版权所有，侵权必究。

图书在版编目（CIP）数据

区块链与产业新机遇 / 刁生富，冯桂锋，吴选红著. —北京：电子工业出版社，2021.11
ISBN 978-7-121-42218-8

Ⅰ. ①区… Ⅱ. ①刁… ②冯… ③吴… Ⅲ. ①区块链技术－产业发展－研究
Ⅳ. ①F713.361.3

中国版本图书馆 CIP 数据核字（2021）第 214734 号

责任编辑：米俊萍
印　　刷：北京七彩京通数码快印有限公司
装　　订：北京七彩京通数码快印有限公司
出版发行：电子工业出版社
　　　　　北京市海淀区万寿路 173 信箱　　邮编：100036
开　　本：720×1 000　1/16　印张：11.25　字数：180 千字
版　　次：2021 年 11 月第 1 版
印　　次：2024 年 1 月第 3 次印刷
定　　价：99.00 元

凡所购买电子工业出版社图书有缺损问题，请向购买书店调换。若书店售缺，请与本社发行部联系，联系及邮购电话：（010）88254888，88258888。
质量投诉请发邮件至 zlts@phei.com.cn，盗版侵权举报请发邮件至 dbqq@phei.com.cn。
本书咨询联系方式：（010）88254759。

《国之重器出版工程》
编辑委员会

编辑委员会主任：苗　圩

编辑委员会副主任：刘利华　辛国斌

编辑委员会委员：

冯长辉	梁志峰	高东升	姜子琨	许科敏
陈　因	郑立新	马向晖	高云虎	金　鑫
李　巍	高延敏	何　琼	刁石京	谢少锋
闻　库	韩　夏	赵志国	谢远生	赵永红
韩占武	刘　多	尹丽波	赵　波	卢　山
徐惠彬	赵长禄	周　玉	姚　郁	张　炜
聂　宏	付梦印	季仲华		

专家委员会委员（按姓氏笔画排序）：

于　全　中国工程院院士

王　越　中国科学院院士、中国工程院院士

王小谟　中国工程院院士

王少萍　"长江学者奖励计划"特聘教授

王建民　清华大学软件学院院长

王哲荣　中国工程院院士

尤肖虎　"长江学者奖励计划"特聘教授

邓玉林　国际宇航科学院院士

邓宗全　中国工程院院士

甘晓华　中国工程院院士

叶培建　人民科学家、中国科学院院士

朱英富　中国工程院院士

朵英贤　中国工程院院士

邬贺铨　中国工程院院士

刘大响　中国工程院院士

刘辛军　"长江学者奖励计划"特聘教授

刘怡昕　中国工程院院士

刘韵洁　中国工程院院士

孙逢春　中国工程院院士

苏东林　中国工程院院士

苏彦庆　"长江学者奖励计划"特聘教授

苏哲子　中国工程院院士

李寿平　国际宇航科学院院士

李伯虎	中国工程院院士
李应红	中国科学院院士
李春明	中国兵器工业集团首席专家
李莹辉	国际宇航科学院院士
李得天	国际宇航科学院院士
李新亚	国家制造强国建设战略咨询委员会委员、中国机械工业联合会副会长
杨绍卿	中国工程院院士
杨德森	中国工程院院士
吴伟仁	中国工程院院士
宋爱国	国家杰出青年科学基金获得者
张　彦	电气电子工程师学会会士、英国工程技术学会会士
张宏科	北京交通大学下一代互联网互联设备国家工程实验室主任
陆　军	中国工程院院士
陆建勋	中国工程院院士
陆燕荪	国家制造强国建设战略咨询委员会委员、原机械工业部副部长
陈　谋	国家杰出青年科学基金获得者
陈一坚	中国工程院院士
陈懋章	中国工程院院士
金东寒	中国工程院院士
周立伟	中国工程院院士

郑纬民	中国工程院院士
郑建华	中国科学院院士
屈贤明	国家制造强国建设战略咨询委员会委员、工业和信息化部智能制造专家咨询委员会副主任
项昌乐	中国工程院院士
赵沁平	中国工程院院士
郝　跃	中国科学院院士
柳百成	中国工程院院士
段海滨	"长江学者奖励计划"特聘教授
侯增广	国家杰出青年科学基金获得者
闻雪友	中国工程院院士
姜会林	中国工程院院士
徐德民	中国工程院院士
唐长红	中国工程院院士
黄　维	中国科学院院士
黄卫东	"长江学者奖励计划"特聘教授
黄先祥	中国工程院院士
康　锐	"长江学者奖励计划"特聘教授
董景辰	工业和信息化部智能制造专家咨询委员会委员
焦宗夏	"长江学者奖励计划"特聘教授
谭春林	航天系统开发总师

前　言

2008年金融危机之后，区块链技术在中本聪（Satoshi Nakamoto）等人的努力下得以问世。从其发展背景来看，区块链技术诞生并不是偶然的，互联网的普及、人际信任关系的缺失，以及诸如非对称加密、智能合约和P2P网络技术的发展成熟等，都成了区块链技术诞生的"催生素"。随着区块链技术的不断发展，它从比特币中脱离出来，作为一项相对独立的技术出现在人们的视野中，也逐渐改变了政府、企业和社会公众对它的"曲解"，开始显示巨大的技术力量。

从区块链的构成要素及其技术架构来看，它所蕴含的技术力量主要呈现为以技术的方式弥补和增强了人际信任缺失，并借助共识机制和加密算法，创造了一个广泛且可靠的合作机制和网络环境。在区块链技术诞生时，它依附于互联网，但随着区块链技术的力量逐渐向四周扩散，原本作为"催生素"之一的互联网也得到了它的"馈赠"。区块链以链式数据结构的形式，辅以非对称加密存储方式，把散乱分布于互联网空间的价值信息串联起来，改变了整个互联网的发展格局，促成了"信息互联网"向"智能互联网"和"价值互联网"的转变，给当下的产业发展带来了巨大的变革和机遇，日益受到了社会各界的广泛关注。

2019年10月24日，中共中央总书记习近平在主持中央政治局第十八次集体学习时指出，区块链技术应用已延伸到数字金融、物联网、智能制造、供应链管理、数字资产交易等多个领域。目前，全球主要国家都在加快布局区块链技术发展。我国在区块链领域拥有良好基础，要加快推动区块链技术和产业创新发展，积极推进区块链和经济社会融合发展。正是在这样的背景下，无论是从区块链技术的优势视角切入，还是从国家的政策规划来看，区块链技术与产业发展的融合已经成为不可阻挡的趋势。因此，本书从区块链与产业融合和应用维度进行"立

意"，对促进区块链技术与产业发展的融合具有重要意义。

本书主要围绕区块链在产业发展新机遇中的应用展开，在简要阐释区块链的概念、特征、发展过程与应用价值的基础上，集中探讨了其在智能制造、交通、物流、新零售、金融、医疗、教育、人力资源、娱乐等具体领域的应用价值、成功案例、现存问题、应对策略和未来方向。

在探讨过程中，本书逐渐还原了区块链技术的本质与产业发展的新机遇：在一个"一切都被智能化和智能化一切"的时代，人与人之间、人与物之间，需要通过区块链技术实现彼此信任，从而建立起一个彼此"熟悉"的社会，产业发展的科学性、规范性、可信任性在区块链技术的支撑下得到显著提升。对于区块链的发展，人们不仅关注它的产业价值，而且关注它的人文价值、社会价值等。因此，本书在强调区块链对产业发展的影响及其带来的新的产业机遇的同时，也关注区块链的人文价值和社会价值，关注数字经济的发展和信任社会的实现问题。

总的来说，本书反映了区块链在产业发展中的变革力量。但是，这种力量只是区块链自身力量的一种表现，它所具备的整个力量体系，是由技术信任带来的整个产业发展的新机遇。当前，"时与势都在我们一边"，我们要把握这种力量和机遇，使其在建设网络强国、助力数字经济发展和社会信任建设等方面发挥更大的作用。

本书在写作过程中参考了大量国内外文献，在此特向有关研究者和作者致以最真诚的感谢。电子工业出版社编辑米俊萍为本书的出版付出了大量心血，在此一并致谢。对书中存在的不足，敬请读者批评指正。

刁生富

2021 年 2 月 8 日

目 录

第一章　解密区块链：从技术认知到产业实践 ………001

　一、区块链：一种分布式账本数据库 ……… 001
　　（一）区块链的含义 ……… 001
　　（二）区块链的特征 ……… 003
　　（三）区块链的本质 ……… 004
　二、区块链：技术架构、类型与层次 ……… 005
　　（一）区块链的技术架构 ……… 005
　　（二）区块链的类型 ……… 007
　　（三）区块链的层次 ……… 010
　三、区块链演进：从 1.0 到 3.0 ……… 013
　　（一）区块链 1.0 时代 ……… 014
　　（二）区块链 2.0 时代 ……… 015
　　（三）区块链 3.0 时代 ……… 016
　四、区块链火爆：多元驱动与自身成熟 ……… 018
　　（一）技术发展的完善 ……… 018
　　（二）产业发展的需要 ……… 019
　　（三）金融资本的注入 ……… 020
　　（四）国家政策的推动 ……… 021
　五、区块链赋能：产业发展的新机遇 ……… 022

第二章　"机"智过人：区块链赋能智能制造 ……… 026

　一、脱虚向实：工业、智能制造与区块链 ……… 026
　　（一）从传统工业到智能制造 ……… 026

IX

（二）从智能制造到区块链 ……………………………………… 029
　二、"硬核"匹配：智能制造行业的痛点与区块链的优势 ………… 032
　　（一）智能制造行业的痛点 ……………………………………… 032
　　（二）区块链赋能智能制造的优势 ……………………………… 033
　三、流程应用：区块链在智能制造领域的"全历史"存在 ………… 036
　　（一）设计环节的"数字孪生" ………………………………… 036
　　（二）产品生产中的"信任" …………………………………… 037
　　（三）对产品运输问题不再"扯皮" …………………………… 039
　四、应用场景：区块链在智能制造领域的"样板房" …………… 039
　　（一）智能合约是区块链在智能制造领域的"杀手锏" ……… 039
　　（二）审计与溯源 ………………………………………………… 040
　五、展望未来：区块链赋能智能制造的前景 ……………………… 041

第三章　智能行者：区块链赋能交通领域 ……………………………… 043
　一、价值所在：区块链赋能交通领域的意义 ……………………… 043
　　（一）基于交通领域的区块链特征 ……………………………… 043
　　（二）区块链应用于交通领域的必要性 ………………………… 047
　　（三）区块链将为交通行业带来新机遇 ………………………… 048
　二、场景应用：用技术提升人们在交通领域的体验感 …………… 048
　　（一）提升车联网信息安全 ……………………………………… 049
　　（二）缓解交通拥堵 ……………………………………………… 050
　　（三）提升智能价值 ……………………………………………… 050
　三、未来可期：区块链赋能交通存在的问题与对策 ……………… 052
　　（一）区块链赋能交通存在的问题 ……………………………… 053
　　（二）相应的对策 ………………………………………………… 054

第四章　区块链物流：发展步入新阶段 ………………………………… 056
　一、国际物流业：从市场到需求的变革 …………………………… 056
　二、现存问题：物流的整体服务还有改进空间 …………………… 057
　三、应用价值：安全、成本与信用向好发展 ……………………… 058
　　（一）区块链物流运作体系的诞生 ……………………………… 058
　　（二）区块链在物流领域的显著价值 …………………………… 060
　四、解决方案：区块链在物流领域落地 …………………………… 062

（一）物流金融中的区块链解决方案⋯⋯⋯⋯⋯⋯⋯⋯⋯⋯062
　　（二）京东、阿里巴巴的区块链物流方案⋯⋯⋯⋯⋯⋯⋯064

第五章　区块链与新零售：颠覆与重塑的新力量⋯⋯⋯⋯⋯069
　一、"新"在何处：新零售的模式⋯⋯⋯⋯⋯⋯⋯⋯⋯⋯⋯069
　二、优势在何处：区块链赋能新零售⋯⋯⋯⋯⋯⋯⋯⋯⋯⋯072
　三、应用在何处：区块链在零售行业的应用⋯⋯⋯⋯⋯⋯⋯074
　四、不足在何处：新零售模式存在的主要问题⋯⋯⋯⋯⋯⋯076
　五、路在何处：新零售未来的发展⋯⋯⋯⋯⋯⋯⋯⋯⋯⋯⋯077

第六章　最可能的"独角兽"：区块链赋能金融⋯⋯⋯⋯⋯080
　一、初次接触：区块链与金融相融合⋯⋯⋯⋯⋯⋯⋯⋯⋯⋯080
　　（一）从历史而来的金融⋯⋯⋯⋯⋯⋯⋯⋯⋯⋯⋯⋯⋯⋯080
　　（二）中国的金融体系⋯⋯⋯⋯⋯⋯⋯⋯⋯⋯⋯⋯⋯⋯⋯081
　　（三）区块链金融的意义在何处⋯⋯⋯⋯⋯⋯⋯⋯⋯⋯⋯082
　　（四）新变化与新呼唤⋯⋯⋯⋯⋯⋯⋯⋯⋯⋯⋯⋯⋯⋯⋯084
　二、赋能之处：营造金融产业新生态⋯⋯⋯⋯⋯⋯⋯⋯⋯⋯085
　　（一）区块链金融的优势在何处⋯⋯⋯⋯⋯⋯⋯⋯⋯⋯⋯085
　　（二）区块链技术如何赋能金融领域⋯⋯⋯⋯⋯⋯⋯⋯⋯087
　三、应用探索：区块链实践之价值⋯⋯⋯⋯⋯⋯⋯⋯⋯⋯⋯089
　　（一）需要注意的"三个点"⋯⋯⋯⋯⋯⋯⋯⋯⋯⋯⋯⋯089
　　（二）区块链在金融领域的应用场景⋯⋯⋯⋯⋯⋯⋯⋯⋯092
　四、自我诊断：区块链金融的主要问题与解决思路⋯⋯⋯⋯095
　　（一）区块链金融的"自查"问题⋯⋯⋯⋯⋯⋯⋯⋯⋯⋯095
　　（二）区块链金融的"药方"⋯⋯⋯⋯⋯⋯⋯⋯⋯⋯⋯⋯098
　五、未来之路：区块链与金融创新⋯⋯⋯⋯⋯⋯⋯⋯⋯⋯⋯101
　　（一）重塑金融市场征信体系⋯⋯⋯⋯⋯⋯⋯⋯⋯⋯⋯⋯101
　　（二）促进传统金融机构加速转型⋯⋯⋯⋯⋯⋯⋯⋯⋯⋯102
　　（三）推动消费领域的金融板块创新发展⋯⋯⋯⋯⋯⋯⋯103
　　（四）加速互联网金融转型发展⋯⋯⋯⋯⋯⋯⋯⋯⋯⋯⋯103

第七章　区块链医疗：一站式个性化服务的转型⋯⋯⋯⋯⋯105
　一、区块链医疗：数据问题得到有效解决⋯⋯⋯⋯⋯⋯⋯⋯105

二、应用场景：IBM、阿里巴巴与腾讯的区块链医疗实践 …………… 108
 （一）IBM 的区块链医疗布局 ……………………………… 108
 （二）阿里巴巴的区块链医疗实践 ………………………… 110
 （三）腾讯的区块链医疗实践 ……………………………… 112
三、问题与对策：区块链医疗的挑战与未来之路 ………………… 114
 （一）区块链医疗的挑战 …………………………………… 114
 （二）区块链医疗的未来之路 ……………………………… 116

第八章　区块链教育：赋能、应用与新的未来 ……………………… 118
一、新的意义：区块链为教育赋能 ………………………………… 118
二、新的应用：区块链在教育行业应用落地 ……………………… 121
三、新的未来：问题与对策 ………………………………………… 123
 （一）区块链教育发展面临的问题 ………………………… 123
 （二）对策 …………………………………………………… 126

第九章　天下谁人不识君：区块链与人力资源的"化学反应" …… 130
一、使命呼唤：人力资源需要技术支撑 …………………………… 130
 （一）人力资源的"画像" ………………………………… 130
 （二）人力资源视域中的区块链 …………………………… 131
二、现实困境：人力资源管理存在的短板 ………………………… 133
 （一）人力资源信息采集不精确 …………………………… 133
 （二）背调程序有困难 ……………………………………… 134
 （三）成本管理不科学 ……………………………………… 134
三、新晋"网红"：区块链成为人力资源市场的热点 …………… 135
 （一）人力资源视域中的区块链 …………………………… 135
 （二）炙手可热的区块链市场 ……………………………… 136
四、应用方向：招聘、背调、成本控制 …………………………… 137
 （一）利用区块链的透明性进行招聘 ……………………… 138
 （二）利用区块链的数据不可篡改性进行背调 …………… 139
 （三）利用区块链的去中心化进行成本管理 ……………… 141
五、平凡之路：走向"已知"的未来 ……………………………… 142
 （一）技术革新的思想洗礼 ………………………………… 142
 （二）人力资源的价值回归 ………………………………… 142
 （三）人才格局的重新洗牌 ………………………………… 143

第十章　区块链娱乐：新娱乐"帝国"的崛起 ············ 144

　　一、区块链音乐：从版权到利益分配 ················· 144
　　二、区块链游戏：新的万亿级市场 ··················· 147
　　三、区块链影视：创作直连消费者 ··················· 150
　　四、区块链娱乐：再造产业价值链 ··················· 153

第十一章　价值与信任：从互联网到区块链 ············ 156

　　一、发展脉络：从互联网到区块链 ··················· 156
　　二、彼此关系：区块链与互联网的联系及区别 ········· 157
　　三、意义何在：区块链之于互联网 ··················· 159
　　四、属性变化：从信息互联网到价值互联网 ··········· 162
　　五、使命使然：信任社会的构建 ····················· 164

第一章
解密区块链：从技术认知到产业实践

2009年1月9日，第一个区块链诞生，在经过很长一段时间的"自然生长"之后，区块链开始受到政府、产业界和学术界的广泛关注与支持。尤其是在政府出台与区块链直接相关的政策文件之后，其技术优势迅速渗透到一些产业细分领域，区块链产业化和产业区块链化已成为当今产业发展的新趋势。区块链作为一项重要的技术参与特定产业发展的全过程，或者自成产业，或者与传统产业相融合以实现赋能和价值提升，直接催生区块链与产业相互融合的应用场景的爆发。那么，区块链到底是什么？区块链究竟有何魅力？区块链如何为产业发展赋能？这些问题是我们研究区块链带来的产业新机遇时首先需要弄清楚的基础问题。

一、区块链：一种分布式账本数据库

（一）区块链的含义

区块链是什么？工业和信息化部（以下简称工信部）于2016年指导发布的《中国区块链技术和应用发展白皮书（2016）》对区块链技术给出一个比较权威的定义：广义来讲，区块链技术是利用块链式数据结构来验证和存储数据、利用分布式节点共识算法来生成和更新数据、利用密码学的方式保证数据传输和访问的安全、利用由自动化脚本代码组成的智能合约来编程和操作数据的一种全新的分布式基础架构与计算范式。而从狭义来讲，区块链是一种按照时间顺序将数据区块以顺序相连的方式组合成的一种链式数据结构，并且是以密码学方式保证的不可篡改和不可伪造的分布式账本。

上述界定，有助于我们理解区块链的内涵。从广义层面来看，区块链具有块链式数据结构，在特定的情形下可以将它理解为环环相扣的链子，但与现实中的链子不同的是，如果要改变区块链中的任意一个链环（数据区块），则意味着需要同时改动整条链子。这种改动当然是非常困难的，因为对于这种以块链式数据结构存储的数据区块，前一个区块与后一个区块之间以包含 256 位随机数的哈希值作为连接方式，任何数据的输入与输出都需要相应的密码验证，而且它采用的是非对称加密方式，数据存储与访问都将牵涉公钥与私钥，在数据区块累积到一定的长度后，要想对它进行篡改和窃取，在理论上是很难实现的，这也说明该数据系统具有极高的安全性和可靠性。

值得一提的是，区块链的分布式数据系统具有极高的开放性。尤其是从分类学意义上来看，对于属于区块链众多类型之一的公有链，由于其整个数据系统的开源特征，几乎每个稍微懂一点儿区块链常识的人，都能够利用系统平台所提供的自动化脚本代码和智能合约建立一个全新的合约规则，仿佛就像人们使用微信、抖音和微博那样简单。而在这个规则体系中的任何个人，都是技术自动执行合约的忠实信奉者，一旦智能合约建立起来，它就会在相应的触发机制下自动执行约定的奖励或惩罚，将智能合约所约定的内容变为现实的存在。这应该就是人们将区块链形象地比喻为"创造信任的机器"的缘由。

当然，如果从狭义的维度理解区块链的概念，其实可以简单地将数据区块解释为一个独立的账本，而且这个账本是完全公开的，自它产生之时就已经向全网广播了，接收到广播的所有系统参与者都将自动备份该账本数据。既然已经向全网广播且被所有参与者备份，那么该账本自然就无法再被某个人篡改。大多数人也是从这个意义上来理解区块链的。

（二）区块链的特征

当然，在理解区块链的概念之后，有必要进一步明确其一般特征。区块链具有去中心化、去信任、不可篡改与可追溯四大典型特征。这些特征集中体现了区块链的实质。

首先，去中心化。区块链的去中心化特征，是相较于其他技术的中心化特征而言。区块链本身是一个分布式数据库，甚至可以说每个网络节点就是一个独立自主的数据库。每个节点的参与者拥有与其他网络节点相同的权限，这种网络结构自然挑战了传统的那种权限相对集中，且有些网络节点有权限而绝大多数网络节点没有权限的中心化网络系统。

其次，去信任。区块链的去信任特征，是其去中心化特征的价值延伸。区块链本身具有去中心化的数据结构，而且在其点对点的数据传输网络上嵌入了相应的智能合约技术，在以太坊技术成熟之后，以太坊和智能合约直接保证了区块链技术的可信任属性。换言之，区块链系统自带一整套自动执行的算法合约，能够自动将各种去信任的承诺进行技术化兑现，而无须参与各方互相信任，从而成为"创造信任的机器"。

再次，不可篡改。区块链的不可篡改特征，源于它是一个密码学意义上的相互嵌套的链式数据结构。不可篡改的特征具体体现为：想要修改已经上链的数据，需要把该数据区块之后的全部数据区块都修改一次，或者至少掌控全网51%的网络节点的话语权。这个难度非常大，而且会随网络节点的增加变得越来越难，从而避免了主观意愿层面上对已存数据的增加、删除与修改操作。当然，对已经输入的数据与事实，后期如果出现完全相反的情形，网络节点可以采用增加新的区块的方式来对之前的错误进行修正与重新说明。

最后，可追溯。区块链的可追溯特征是从它自身数据存储结构的溯源机制中体现出来的。所有上链数据都将被完整地保存下来，并且进行全网备份，即便是某个网络节点的数据丢失，也可以从其他网络节点重新下载并保存数据。因为没有一个中心化的权威机构能够对区块链的内容进行控制，加之各独立的网络节点也无法修改已经上链的数据，所以区块链的每个数据区块输入和输出

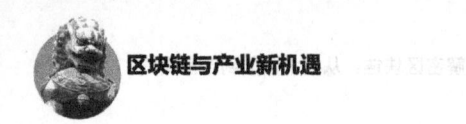

的真实性都可以保证，并且可以随时随地被访问与浏览，人们可以循着区块链的块链式结构追溯所有输入数据的来源。

（三）区块链的本质

区块链的概念和特征孕育着它的本质。那么，它的本质是什么呢？

关于区块链的本质，有人认为它是一个去中心化的信任机制，也有人认为它是一种比特币底层基础技术，还有人认为它是一种技术自治组织。但从区块链的概念及其类型来看，它的去中心化的属性很显然需要重新考量。众所周知，从参与方的维度进行划分，区块链可分为公有链、联盟链与私有链三种类型。

从公有链角度来看，如果人们只关注区块链本身，它自然会被定义为严格意义上的去中心化，但如果我们跳出公有链本身的技术场域，以一个更为宏观的视角看待它，则不然。它的去中心化表现为一种形式上的去中心化，或者是狭义的技术场域的去中心化，因为它去中心化的本质经不起更为深入的逻辑验证。与此同时，共同统一于许可链概念之下的联盟链和私有链，特别是联盟链，由于天然地具有排斥性和权限限制，直接晋升为中心化的典型拥护者。至于私有链，其所有权和使用权仅归属于某个独立的社会组织或个人的情形直接表明了私有链的中心化属性，其天然地围绕一个中心运行。

既然去中心化不是其本质，那么区块链真正的本质是什么？去中心化与区块链的关系是什么？无可置疑的一点是，从整个区块链技术的发展主线来看，它其实是一种集成技术。它不是从天而降的，它具有非常显著的人工特色。

区块链最开始以比特币底层应用技术的形式现身，这暴露了它最为一般的本质：它是一种集成技术，一种真正意义上值得信任的分布式、点对点的操作系统。那么，去中心化的属性自然就成为分布式系统与点对点网络的外在表现形式，它自身不是区块链的本质，但它是区块链本质的体现，以至于人们将它命名为区块链的"本质特征"。人们只有真正理解了区块链的去中心化的内在含义，才能将区块链技术与其他技术区分开。

熟知区块链的本质之后，我们也就可以理解区块链技术自身所具有的优势与局限性，我们应该对之保持一种理性的态度。对于区块链，我们既不能将其作为一种"全能物"予以技术崇拜，又不能将其视为某种神化了的、无法再被取代的集成技术，更不能将其完全污名化与边缘化，而是应该回归区块链的真正本质，将其最大的优势与价值发挥出来，用以促进实现人类社会的和谐与秩序，增强人与人、人与社会之间的信任关系，改变以往那种陌生人之间的"弱关系"，将我们的社会转变为基于区块链技术的熟人与陌生人之间的技术"强关系"。

这样，整个社会的信用体系也将被颠覆与重塑，所有以信用为基础的领域都将迎来一次"革命"——这是一项激动人心的重大技术突破。试想一下，有哪个领域不需要信用呢？对于这个问题的实际解答，应该就是解读区块链的真正本质的意义所在吧！

二、区块链：技术架构、类型与层次

（一）区块链的技术架构

区块链的崛起与发展，与其独特的设计思想有关。在区块链的发展历程中，它的经济学激励、算法信用和基础技术架构三个设计思想越来越明显。区块链的经济学激励思想是为弥补它天生缺乏中心导致的生命力薄弱问题而诞生的，主要包括以下两个方面的内容。

第一，是指区块链的外在经济价值。区块链的外在经济价值基本上是在降低赋能对象的交易成本、提高交易效率的过程中实现的。通常来讲，区块链是一个自动化的账本系统，交易全程基本上都是依靠一套"可信赖"的自动化程序进行的，全程可信、透明且不可篡改，从而为不同的赋能对象带来了降低人力成本和优化产业发展环节等方面的益处。

第二，是指区块链的内在驱动力。由于缺乏中心化的管理机构，区块链系统的可靠性和安全性需要依靠每个节点来支撑，只有当节点数达到一定的数值

时，系统的可靠性和安全性才有所保证。区块链的设计者从一开始就认识到了这一点，并建立了一套内部运行的激励机制，通过内部的"通证"技术实现了对各参与者的激励，只要参与者对系统平台有所贡献，就有机会获得来自平台方的自动化奖励，这也恰好迎合了人类自身求生本能的需要。所以，区块链的运营和维护才得以始终保持活力。

区块链的算法信用思想主要是通过自动化的算法体系实现的。区块链通过构建一个依赖机器和智能算法的合约程序，解决陌生人之间交易的不信任问题，所有网络节点的参与者只需要通过密码就可以进入一个可信任的环境。在这里，所有网络节点的参与者只需要在智能合约中进行承诺即可，余下的工作交由算法自动执行。也就是说，在应用算法信用思想的环境中，整个社会的信用已经进入一种非常智能的状态，从而实现整个产业发展环境和交易环境的质的飞跃。

区块链的基础技术架构思想主要是指区块链平台其实是一个开源的公共平台，可以将之看成一套由多方参与的、可靠的分布式数据存储系统，其独特之处在于：一是记录行为的多方参与，即各方可参与记录；二是数据存储的多方参与、共同维护，即各方均参与数据的存储和维护；三是通过块链式结构存储数据与合约，并且只能读取和写入，不可篡改。在应用实践中，这种系统能够实现所有参与者信息共享、共识、共担，可以成为各种商业行为和组织机构的基础技术架构[1]。从产业发展维度来看，正是因为区块链具有这种基础技术架构的设计思想，它才能够迅速被各产业领域掌握和运用，并带来产业发展的重大机遇。

从某种程度上来讲，区块链的设计思想其实是在核心关键技术基础上发展起来的，如果缺乏最核心的技术支撑，这些设计思想只能变为空谈。所以，有必要进一步深挖区块链的三个核心关键技术：共识机制、密码学原理和分布式存储（见表1-1）。

---

[1] 搜狐.区块链的兴起和未来之路[EB/OL].（2018-07-16）[2020-10-09]. https://www.sohu.com/a/241463669_100217416.

表 1-1　区块链的三个核心关键技术

共识机制	区块链的共识机制主要是指达成区块链各网络节点的共识算法、协议和规则遵循少数服从多数及各网络节点一律平等的原则。正是因为具备了共识机制，区块链才能够最终在去中心化的运作模式下保持各方的协调一致和多元协同运行
密码学原理	区块链嵌入了多种密码学技术和思想，包括公钥、私钥、非对称加密、对称加密、哈希函数、同态加密和零知识证明等。使用这些加密技术最主要的目的是实现技术化的加密、身份认证和确权，以保障各网络节点的所有参与者的权益
分布式存储	区块链的每个节点都按照块链式结构存储相关的运行数据，且在地位和权限方面是平等、相互独立、相互证明和信赖的关系，而不是操纵和控制的关系

（二）区块链的类型

不同的技术由差异较大的"子技术"构成，而相同的技术由于构成它的"子技术"在结构上的差异也会产生不同的类型。区块链也是如此。由于构成区块链的多种技术在结构和功能上的微调，区块链具有诸多类型，具体包括公有链、私有链、联盟链等。

1. 公有链

公有链（Public Blockchain）是公有区块链的简称，是指所有人都可读取的、任何人都能参与交易且交易能获得有效确认的、所有人都能参与其中的共识过程的区块链。从目前来看，它是世界上最早的区块链，具有访问门槛低、数据默认公开和用户进出自由等特点（见表1-2）。

在公有链中，任何组织、单位及个人都可以随时参与其中并进行交易和记账，且都能得到有效的确认，它对于所有参与者都是平等的。换言之，在所有区块链类型中，公有链被认为是真正去中心化的区块链，且公有链的开发者无权干涉用户，只能起到保护用户的作用。

公有链主要利用密码学与经济学激励方式,在保证系统安全、账本不被篡改的情况下,通过在完全陌生的环境中自主建立基于智能合约的算法信用体系,极大程度地调动各方参与者的积极性和主动性。

表 1-2　公有链的特点

访问门槛低	任何拥有足够技术能力的人都可以访问,其只要有一台能联网的计算机即可
数据默认公开	所有关联的参与者都通过公共网络维护自己数据的安全性
用户进出自由	在公有链中,程序开发者无权干涉用户,所以区块链可以保护使用程序的用户

2. 私有链

私有链(Private Blockchain)的记账权限仅归于某个独立的组织、单位或个人,其独享该区块链的账本写入权限,其他组织、单位或个人无法参与其中。简言之,私有链仅供私有组织使用,改写权限和参与记账的权限都是按照私有组织规则进行的。同时,每个参与的网络节点都是可管与可控的,因而私有链相较于公有链和联盟链而言,具有交易速度更快、交易成本更低、交易数据更安全和交易隐私保护得更好等优势。这些优势源于私有链不同网络节点之间天然存在的信任,私有链不需要进行信用建构,因而交易过程也不需要在验证信用方面费时。

与此同时,由于私有链的使用对象只是某个独立的个体,私有链仿佛就是一个私人数据库,不会被外围的网络节点干预,加之节点的数据规模和节点的数量都非常有限,因此私有链深受企业、政府等的欢迎,可用于企业的数据库管理、政府的决策预算平台等。从区块链目前的发展态势来看,以企业和政府为主要应用主体的私有链数量开始剧增。

3. 联盟链

联盟链(Consortium Blockchain)是指由某个行业的若干机构或群体构建的区块链,具有部分去中心化、可控性较强、数据不会默认公开和交易速度很快等特点。它自身存在的不同节点对应的就是各个机构或企业组织,这些不同节

点数据的管理权最终不一定落到每个具体的参与者手中,而是通过预选的方式指定相应的记账人,其余的网络节点虽然参与交易但不过问记账的过程,所以该区块链不是真正意义上的去中心化的区块链。譬如,区块链联盟 R3 和超级账本（Hyperleder）、中国分布式总账基础协议联盟（China Ledger）、中国区块链研究联盟、金融区块链联盟等都是联盟链的典型代表。

从某种程度上来说,联盟链也是一种私有链,只是其覆盖对象的范围更广,数量更多,是联盟成员之间的公共链条。但不能将之理解为私有链,因为它的私有程度很低,在特定的范围内是一种公有财产。也不能将之理解为公有链,原因也较为简单:一方面,它的受众不是所有人,它的网络节点的权限带有行业领域的私有性质;另一方面,它的运行和维护受到更多的限制,只为联盟成员之间的协作提供服务。

从总的覆盖范围来看,公有链、私有链和联盟链这三种类型的区块链分别对应价值互联网（智能互联网）、局域网和广域网。公有链的覆盖范围最广,是一种全球性、开放性与多元性的区块链类型;而联盟链如 Hyperledger 等,对应广域网,这与其跨区域和具有多类型的参与主体直接相关,如果将之直接限定在某个特定的范围,联盟链就会丧失优势;私有链对应局域网,如区块链校园、区块链公司等,或者可用于更为具体的应用场景,如企业的数据管理、材料审计和人力资源管理等。

联盟链和私有链的参与者都需要通过特定的授权程序才能加入和退出,这与公有链的参与者可以自由地加入和退出不同。因此,联盟链和私有链又称为许可链（Permissioned Blockchain）,凡是参与相应区块链网络节点的组织、单位及个人,都是通过特定的授权机制许可的,而那些未得到许可、认证与授权的组织、单位及个人,不具备加入该区块链系统的权限,也就不可能成为其网络节点之一了。

从区块链与区块链之间的关系来分类,区块链可分为主链（Main Chain）与侧链（Side Chain）,它们具有不同的属性。主链有时又称为母链,它是指独立正式上线的区块链网络,能够得到区块链各网络节点的信任和支持,其账本和交易数据能够得到全体参与者的认可。侧链则是于 2013 年 12 月从比特币社区演化出来的概念，它的出现主要是为了消除区块链技术中存在的局限，带有非常强烈的技术使命。但它自身缺乏相对独立性，需要依傍主链而存在，并且是以严格遵循相关侧链协议而存在的区块链。侧链是相较于主链而言的，它自身不是一个完整的区块链，而是一种可以在两个区块链之间移动的协议和机制，它的使命就是保证相关的数据资产能够在两个或多个区块链之间移动和转换，进而降低主链的运行压力。它的一大便利之处是，如果区块链中的网络节点出现漏洞，人们就可以借助侧链对该漏洞进行修复，此做法能够保证在主链不停止运行且不受影响的前提下完善主链。只要符合侧链协议，所有现存的区块链都可以成为侧链。侧链巩固了主链的地位，并且打破了主链的局限性，它在促进主链良性运行的同时，还拉近了不同区块链主链之间的关系。通俗来讲，在区块链侧链的支持下，主链将会赢得更广阔的发展空间。

因此，在区块链主链上嵌入侧链，意味着该区块链的所有用户都能灵活管控自己的数据资产，还能将这些数据资产用于访问新的区块链系统。但如果只有主链没有侧链，区块链主链的用户将被禁锢在其中，活动范围非常有限。这种禁锢和限制有点类似于某娱乐场所使用的游戏币，人们通过购买获得的游戏币，只能用于该娱乐场所相关娱乐设施的消费，超出该娱乐场所便不再生效。

借助侧链技术，能够实现仅凭主链不能实现的相关操作，还能够实现基于主链与侧链的双向锚定、多向传输与全网共识协议，侧链技术为区块链技术的普及与发展立下了"汗马功劳"。

（三）区块链的层次

通过前面对区块链概念与类型的介绍，想必大家已经对区块链有了比较宏观的了解。那么，区块链具体的技术架构包括哪些要素呢？研究显示，区块链的技术架构大致可概括为六层，分别是数据层、网络层、共识层、激励层、合约层与应用层。

1. 数据层

区块链的数据层主要具备数据输入、数据存储、数据交易等功能，并且具有不可篡改、所有数据全网备份、记录的各网络节点数据一律平等、数据存储以 Merkle 树为依托呈现块链式结构等特征。

2. 网络层

区块链的网络层本质上是一个点对点网络系统，这个网络系统体现的是区块链的去中心化的特征，每个网络节点都是一个公认的中心，且与其他网络节点在权限、资格与身份等方面完全平等。每个网络节点与其他网络节点的链接、互动，以及资源、服务往来都不需要围绕某个中心进行，而是直接点对点实现。

3. 共识层

在区块链的共识层中，区块链的所有节点都遵循相同的规则与活动秩序，所有用户都一致同意和维护该区块链的总账本。由于得到全网的共识，散落在不同角落的网络节点能够围绕这个总账本开展记账活动，这就促进了该区块链社区的和谐与有序。与此同时，共识层还引入商用分布式设计区块链操作系统（EOS）的委托权益证明（DPOS）、比特币的工作量证明（POW）、以太坊的权益证明（POS）、实用拜占庭容错（PBFT）算法等共识算法和机制，并借助这些共识算法和机制，从实现分布式系统各部分一致的原则出发，时刻保证区块链记账系统的安全性和可靠性。

4. 激励层

区块链的激励层其实是在共识层的基础上提出的奖励制度。凡是按照共识层的相关要求参与区块链记账与维护的网络节点，都会得到与奉献相匹配的奖励。而且这种奖励的方式是自动实现的，它不需要人为地计算和发放相应的奖励。当然，需要注意的是，激励层多用于公有链系统，由于公有链缺乏相应的管理员，相关的混乱与无序都要依靠这一套激励机制进行维护，最终达到全网共治的目的。

5. 合约层

区块链的合约层相较于数据层、网络层、共识层与激励层而言，表现出非凡的智能优越性。合约层一般包括各种脚本、代码、算法机制与智能合约，它的诞生保证了区块链的可编程性。合约层使全网用户能够轻松签订合约，并且通过技术手段实现智能合约的"触发式自动执行命令"机制，以智能化的技术手段保证全网的高信用环境。

6. 应用层

区块链的应用层是指基于区块链其他层级的技术手段，将区块链应用于具体的实际场景，体现区块链从概念逻辑、技术构想到落地实施的过程。从目前来看，各种"区块链+"的尝试就是区块链应用层的具体表现。

以上虽然对区块链的概念、特征、类型和技术架构做了一些探讨，但关于它的知识点远不止这些。区块链本身是一个开源的技术架构，因此不同行业、不同领域的专业技术人员对它的理解都带有强烈的专业技术背景。简言之，不同行业、不同领域的人看区块链，都有属于自己领域的独特方式。与此同时，在这个开源技术架构的支撑下，区块链涉及的知识点也无法用简单的文字全部呈现，因为仅从区块链知识图谱的维度，它就可以被拆分成基础知识、技术实现、开发文档、项目实践和开发环境[1]五个方面，而每个方面又具体涉及不同的知识（见图1-1）。因此，对于区块链，一方面要理解和掌握区块链的相关知识；另一方面，更要将其与自己的具体实践相结合，不断地在实践过程中形成属于自己的区块链"印象"。

---

[1] Jon_Lo.一文看懂：区块链底层技术及其架构设计[EB/OL].（2018-03-15）[2020-10-11]. https://blog.csdn.net/ mlq8087 /article/details /79565650.

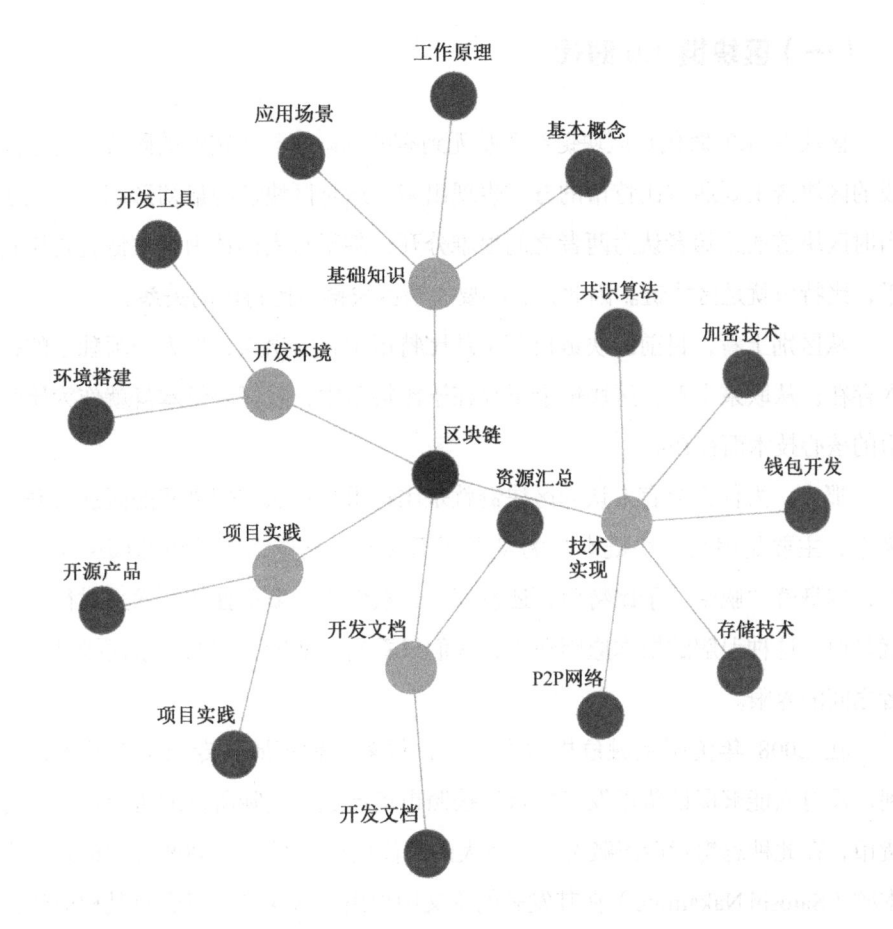

图 1-1 区块链知识图谱

三、区块链演进：从 1.0 到 3.0

通常情况下，人们习惯用技术 1.0、2.0、3.0 等类似的表述方法去表征事物的发展历程和阶段，对区块链也可用该表述方法。集中探讨区块链 1.0 时代、区块链 2.0 时代及区块链 3.0 时代等不同发展阶段的具体内容，可加深对区块链的认知。

（一）区块链 1.0 时代

区块链 1.0 时代是区块链经历从无到有的基础性与决定性的阶段，这个阶段的区块链主要通过比特币的方式表现出来。这是区块链的最初形态，以至于当时区块链的追随者认为两者之间很难分开，甚至有人误认为区块链就是比特币，比特币就是区块链。因此，有必要厘清区块链与比特币的关系。

从区别上看，目前区块链已基本从比特币中独立出来，作为一项独立的技术存在；从联系上看，区块链最早存在于比特币中，且区块链本身就作为比特币的核心技术而存在。

那么，为什么会有人认为区块链就是比特币呢？从它们之间的区别与联系来看，主要是因为区块链本身的发展还不成熟，它作为比特币的底层支撑技术，本身就"脱胎"于比特币，还没有被公众作为一项单独的技术来对待。也就是说，这种误解的根本原因在于，人们只看到了两者之间的联系而模糊了两者之间的界限。

在 2008 年美国金融危机爆发之后，很多金融领域的专家学者开始认识到，没有人能够保证货币发行方永远按照市场流通中实际所需的货币量来发行货币，在此种思想背后潜藏着一个巨大的信任危机。所以，2008 年 10 月，中本聪（Satoshi Nakamoto）在其发表的论文中提出了区块链的概念及其相应的技术架构。因此，在区块链 1.0 时代，人们更愿意将区块链与数字货币并提，或者称区块链为去中心化的数字支付系统。

那么，区块链 1.0 时代的基础性与决定性属性是如何体现的呢？在区块链 1.0 时代，区块链就已经具备块链式数据结构、全网共享账本、非对称加密与源代码开源等基本特征。这些特征构成了区块链的基础技术架构，可解决当时数字货币支付、转账与汇款等金融领域的安全问题及信任问题，同时决定了区块链未来的命运。

譬如，块链式数据结构中的前一个区块与后一个区块相互嵌套和链接，保证了后来的区块链账本的不可篡改性；全网共享账本保证了区块链各参与节点的公平性，营造了一个去中心化与真实可靠的交易环境，使得各种攻击变得异常艰难；非对称加密使公钥与私钥紧密结合，基于密码学的加密机制，将整个

交易过程牢牢锁定在安全环境中；源代码开源为广大网络节点参与记账提供了条件，并最终演变为一种可以相互交叉验证的共识机制。

综上所述，区块链 1.0 时代代表区块链诞生的阶段，对区块链的发展起到基础性与决定性的作用。

（二）区块链 2.0 时代

区块链 2.0 时代是在区块链 1.0 时代基础上发展起来的升级版区块链金融。在这个时代，不仅可以实现基于智能合约（智能合同）的可编程金融，而且区块链的应用已经逐渐从多种金融场景中剥离出来，开始向更广泛的场景蔓延。

由于 2.0 时代的区块链具有可编程性，加之人们将智能合约引入区块链金融编程系统，诸如规则、承诺、秩序及价值交换等多种因素逐渐产生更加强烈的技术约束效力，区块链系统得以具备更加稳定的性能、更加安全的系统属性及更加开放多元的文化。

简单来说，智能合约嵌入区块链系统，在本质上重新定义了区块链 1.0 时代，并开始将区块链以一种独立的技术形象推向世界，使它从最初的货币金融体系向泛金融甚至非金融领域传播与落地。

与此同时，区块链 2.0 时代还产生了一个新事物——以太坊。2013 年年末，一位名叫维塔利克·布特林（Vitalik Buterin）的俄罗斯少年发表了名为《以太坊：下一代智能合约和去中心化应用平台》的白皮书。在该白皮书中，维塔利克·布特林通过使用一种通用的脚本语言，打造了一款新的加密平台和加密货币——以太坊，从而将区块链推向 2.0 时代。

人们普遍认为，以太坊是一套完整的智能合约解决方案，旨在提供一个自动化的脚本语言或图灵完备的平台。一方面，它解决了 1.0 时代的区块链只能记录交易账本而不能记录其他内容的延展性不足等问题；另一方面，它为区块链的用户及相关使用者提供了便捷的端口，使用者通常能够轻松地在上面建立协议和智能合约。简单来说，以太坊是一个简单且易于操作的综合应用平台，能够自动为纷繁复杂的货币交易和转账行为提供履行契约的技术承诺，即用程序算法的方式替代人来自动执行合同约定。

譬如，在现实情境中存在甲、乙两家公司，甲公司要向乙公司出售产品，按照传统的签订纸质合同的方式，那么对于这种出售与交易行为，甲公司虽然有合同作为法律依据，但甲公司没有办法保证乙公司一定会在约定的时间范围内交付相关款项。若将该契约行为搬到以太坊进行，甲乙双方就会基于几行简单的智能合约代码建立起一套自动执行的算法契约，只要甲方能够在以太坊上上传交付产品的工作证明，以太坊就会立即自动将乙方的相关约定款项自动转移到甲方账户。

如此看来，区块链 2.0 时代是一个基于以太坊和智能合约的技术化契约时代。在这个时代，区块链充当一种实现规则、承诺、秩序与价值交换的角色，从而极大地降低了区块链系统中各参与者的风险与成本，扩大了区块链的泛化能力。

（三）区块链 3.0 时代

在区块链 3.0 时代，区块链能够对互联网中每个代表价值的信息和字节进行产权确认、计量和存储，从而在区块链上对资产进行追踪、控制和交易[1]。在此基础上，人们还将区块链引入各种商业应用场景，打造真正属于区块链 3.0 时代的 EOS。

EOS 类似于如今的安卓操作系统和苹果操作系统，人们以之为基础又可以开发无数的创新技术平台和应用等。基于 EOS 的区块链 3.0 应用，最终目的是在未来实现可编程社会。届时，区块链不仅能够记录金融业的交易，而且几乎能够记录任何有价值的、能以代码形式表达的事物。其应用能够扩展到任何有需求的领域，进而影响整个社会[2]。

如此说来，区块链 3.0 时代是一个真正意义上的信用社会的时代，从一定

---

[1] 董宁，朱轩彤. 区块链技术演进及产业应用展望[J]. 信息安全研究，2017，3(3):200-210.

[2] 链内参.当大家都在谈论区块链 3.0 时，区块链 4.0 已悄然开启![EB/OL].（2018-04-17）[2020-05-28]. https://www.sohu.com/a/228531619_100111931.

程度上说，我们如今正处在从区块链 2.0 时代向区块链 3.0 时代转换的关键时期，各种基于区块链的大型商业应用场景即将爆发，经济、政治、文化、社会将被重新定义。

从区块链的历史演进过程来看，区块链从 1.0 时代、2.0 时代，再到 3.0 时代的发展过程，蕴含着区块链本身从简单到复杂、从不成熟到成熟的过程。表 1-3 所示为区块链历史沿革的重要线索。

表 1-3　区块链历史沿革的重要线索

阶段	线索
区块链 1.0 时代	（1）去中心化、分布式账本； （2）与比特币相提并论
区块链 2.0 时代	（1）以太坊； （2）智能合约； （3）分散式自治组织
区块链 3.0 时代	（1）价值互联网的内核； （2）更好的并发性（目标百万级）； （3）大规模的 EOS

区块链本身的发展显现出巨大的价值，同时，一种基于区块链技术的互联价值（Intervalue）网络正在生成，这就是狭义层面的价值互联网的雏形。随着区块链的不断发展，我们有理由相信，即便是区块链的技术发展瓶颈——"不可能三角"，最终也会被攻克，因为从目前的发展趋势来看，有助于攻克区块链"不可能三角"的相关信息不断被报道。

换言之，在区块链 3.0 时代，区块链将会朝着两个方向发展：一是通过技术创新的方式突破自身的技术局限，实现去中心化、安全性与高性能的统一；二是实现区块链的跨界融合与应用，成为整个社会进一步发展的一个技术基础，最终把我们当前所处的这个时代真正打造成广义层面的价值互联网（Value Internet）时代，而广连接的终极形态就是无处不在的价值的去信任交换。

四、区块链火爆：多元驱动与自身成熟

区块链之所以能够迅速发展，尤其是在中国的发展势头不断增强，原因是多方面的，具体包括技术的不断发展、产业发展的需要、金融资本的注入和国家政策的推动等，这些都是助推区块链迅速发展的重要因素。其中，技术的不断发展是区块链自身所具备的内在生命力，其他几个因素则是推动区块链发展的外在因素。这些因素相互作用，共同成就了区块链的快速发展和产业应用。

（一）技术的不断发展

技术的不断发展是推动区块链不断发展的内在生命力。从技术进化论的角度看，区块链不是"横空出世"的，是经历了技术的不断迭代和重组之后形成的新兴技术。从最开始与比特币混为一谈，到最终完全独立且能作为许多行业的基础技术架构，它所依靠的技术是多种多样的，而且这些技术都已经发展到较为成熟的阶段。

譬如，加密技术。早在1985年，尼尔·科布利茨（Neal Koblitz）和维克托·米勒（Victor Miller）就各自独立提出了著名的椭圆曲线密码学（ECC）算法，弥补了RSA公钥加密算法的不足，标志着实用的区块链密码学体系完全建立。而在1991年，斯图尔特·哈伯（Stuart Haber）和斯科特·斯托内塔（Scott Stornetta）第一次提出了关于区块的加密保护链产品，并在次年将Merkle树的技术和思想引入了加密保护链产品中，从而极大地提高了加密算法的运行效率。

再如，区块链中的智能合约技术。早在1995年，尼克·萨博（Nick Szabo）就已提出智能合约的概念，目的是提供优于传统合约的安全方法，并减少与合约相关的其他交易成本。而在1997—1998年，HashCash算法（第一代POW算法）和分布式的数字货币机制也诞生了。

我们现在所熟知的区块链是在2009年1月3日才诞生的"创世区块"，到2009年1月9日，第二个区块才得以诞生，并与第一个区块连接成功，标志着

区块链真正诞生。如此说来，对于区块链的发展，其实早在其诞生之前，相关的"子技术"已经发展成熟，为它的诞生准备了充分的技术条件。而这个过程还远未停止，在区块链诞生之后，相关的"子技术"不断地进化，甚至一些新生的技术参与到区块链的技术体系中。

例如，2014年年初，维塔利克·布特林提出以太坊的概念及其技术解决方案，对于区块链的发展具有跨时代意义。以太坊技术的出现意味着区块链的可延展性问题得到了进一步解决，其应用范围也得到了进一步扩展。

因此，技术的不断发展为区块链的未来发展创造了条件，而且是一种技术维度的根本性的推动力量，给予了区块链生命和活力。还可以这样说，没有前期"子技术"的发展与成熟和后期"子技术"的迭代与补偿，就没有区块链的今天与明天。

（二）产业发展的需要

区块链被学界命名为"创造信任的机器"，指的是它能够依靠技术手段构建一套逻辑缜密的算法信用体系，从而成为"信用危机的克星"。在经济全球化的今天，产业的发展呈现全球化的趋势，不同产业围绕不同的发展模式迅速向不同地区、不同国家延伸。通常在这个过程中，传统的人格信用体系几乎失灵，而契约信用体系在实行过程中也存在诸多困难，难免在新时代出现"不良反应"。

以区块链为基础的算法信用体系是通过算法量化和自动化的信用体系。在双方自愿达成共识之后，其可通过技术化的手段自动履行承诺，从而减少了很多不必要的中间环节。也就是说，新时代的信用体系是以区块链为支撑的全球支付网络，能够在任何时间、任何地点与任何人进行产品交易。通过区块链，这些交易可以在不获取或不共享交易对象的任何私人信息的情况下完成，不需要信用中介在中间做担保，这无疑给产业全球化的发展带来了巨大机遇。

尤其是对于全球的跨境电商产业，由于区块链的介入，其将走向新的辉煌。跨境电商具有虚拟性、隐匿性、开放性等特征，所以在跨境电商平台上很容易存在不诚信的交易行为。在跨境电商企业中，也存在商家违规经营、用户

信息泄露等风险。这些问题不仅影响跨境电商企业自身的声誉，而且会引发消费者对商品质量的担忧。而区块链是一种根据时间先后顺序把数据区块连接起来的块链式数据结构，包含一系列用密码学产生的相互关联的数据区块，每个数据区块中包含网络交易有效确认的信息，不接受任意篡改，也不能随意编造，从而保证数据的真实性与安全性。通过"大数据+区块链"，实现跨境交易的加密运行，构建公平的信用评价体系和防伪追溯平台，充分保障消费者的隐私，解决数据入侵、信息泄露问题，实现信用评价机制的优化和跨境电商市场的数字化管理，将帮助跨境电商企业有效地解决信用问题与交易风险问题。

同时，区块链还具有可追溯性的特征，能够更好地保护用户隐私和帮助用户获取更多的权利，改变互联网的生产关系。例如，京东就借助云计算和大数据，通过区块链技术来构建防伪追溯平台。通过这个平台，消费者可以对商品的生产、销售等各环节进行追溯，从而有效解决商品以次充好、假冒伪劣的问题，切实保障消费者的合法权益。

（三）金融资本的注入

金融资本的注入对于区块链的发展具有重要影响。从区块链的价值优势来看，它能为金融产业带来积极影响，从而赢得了金融产业的青睐。它本身具备去中心化、去信任和不可篡改等特征，恰好解决了股票交易、银行结算等金融领域双方信任成本过高、交易速度过慢的问题，所以金融领域不断引入区块链技术，这也推动了区块链的发展。

从区块链的产业价值来看，它的优势转化不只对金融产业有益，对除金融产业之外的其他产业同样有效，而且在各细分产业的市场规模和效益大为可观。因此，区块链与其他产业结合的契机引起了社会资本的高度关注，各种金融资本、金融机构纷纷关注和投资，这对于推动区块链产业化和产业区块链化意义非凡。

也就是说，得益于产业资本的牵引，区块链与金融、物流、医疗和人力资源管理等诸多产业相结合，从而催生丰富多彩的应用场景。因此，金融资本的注入，无疑加速了区块链的产业化进程。

（四）国家政策的推动

2019 年 10 月 24 日，习近平总书记主持中央政治局第十八次集体学习时强调："我们要把区块链作为核心技术自主创新的重要突破口，明确主攻方向，加大投入力度，着力攻克一批关键核心技术，加快推动区块链技术和产业创新发展。"[①]

从目前来看，中国的区块链技术之所以在短时间内快速崛起并得到迅猛发展，与国家的战略规划和政策引导有着密不可分的关系。从国家层面来看，目前我国的区块链产业发展与我国的强国战略和创新战略息息相关。近年来，区块链技术在我国引起全民关注。

当然，除了国家层面，企业也非常关注区块链技术的未来走向，目前，越来越多的企业将区块链作为未来的发展方向。天眼查数据显示，2010 年，国内经营范围包含区块链的企业仅有 379 家；截至 2020 年 12 月底，全国共有 64062 家企业在企业名称/曾用名、经营范围或产品资料等工商信息中含有"区块链"字样，较 2019 年年末总数上涨 52.88%。从区域分布情况看，我国区块链相关企业已形成三大聚集区：以陕川渝为代表的西部聚集区、以鲁苏浙为代表的东部聚集区和以粤琼闽为代表的南部聚集区。三大聚集区的区块链相关企业数合计占比接近全国总数的 80%。从营收情况来看，区块链企业 2020 年营收与 2019 年相比稳中有升，部分已基本实现盈亏平衡，少数企业甚至已开始盈利。超过 66 家企业在 2020 年中标了 65 个政府相关的区块链项目/平台，中标金额合计超过 20290.22 万元[②]。

与此同时，世界贸易组织于 2018 年 11 月也曾发布名为《区块链与国际贸易：国际贸易合作的机遇、挑战与启示》的报告。其中显示，到 2030 年，区块链的商业价值将达到 3 万亿美元。区块链技术还被 Gartner 列为 2017—2019 年全球十大核心技术之一，进而引发了全球关注。如此看来，区块链技术的发展

---

① 人民网.习近平主持中央政治局第十八次集体学习：把区块链作为核心技术自主创新重要突破口[EB/OL]. （2019-10-26）[2020-10-10]. http://js.people.com.cn/n2/2019/1026/c359574-33475354.html.

② 同花顺.中国区块链企业发展普查报告 2020[EB/OL]. （2021-01-30）[2021-2-28]. https://m.pingan.com/new/bank-infor/01000438559.

离不开战略和政策层面的支持。

五、区块链赋能：产业发展的新机遇

随着区块链技术的不断发展成熟，以及越来越多的金融资本和产业资本向区块链发展的领域靠拢，加之相继出台的各种战略、标准和政策的加持，区块链已经从幕后走到台前，完全现身于公众视野，成为当前新兴技术领域最热门的话题之一。从目前来看，随着全球新一轮科技变革和产业升级的持续推进，新一代信息技术很明显已经成为促进产业转型升级的关键生产要素。所以，在区块链"热"的社会大背景下，从"融合发展"和"创新驱动"两个维度加快推进区块链与各产业的深度融合，已成为诸多产业发展的重要机遇。

正是在这样的产业转型升级的重要"窗口期"，产业区块链化（融合发展）和区块链产业化（创新驱动）两大发展思路成为区块链与产业之间关系进一步深化的主旋律。为了推动区块链与产业进行融合，要厘清区块链与产业发展之间的关系，至于是融合还是创新，这需要根据实际情况而定。

众所周知，融合发展和创新驱动不仅是实践的两个维度，而且是指导具体操作的两种重要方法。从创新驱动层面看，区块链产业化主要是指基于区块链技术的创造和知识产权所带来的产业崛起与发展。而从融合发展层面看，产业区块链化主要是指将区块链技术引入已有产业，实现产业区块链化的过程。区块链作为密码学、共识机制和分布式账本数据库的集中应用，由于天然自带技术价值和信任优势，能够自觉摒弃某种传统意义上的制度藩篱和产业信任危机，因此自以独立的形象面世以来，区块链变革产业的力量就已经"命中注定"，而在此背景下的产业转型升级无疑也将迎来重要的发展机遇。

目前来看，从政策维度开展促进产业区块链化和区块链产业化的工作，早在 2016 年就已经开始了。2016 年 10 月，工信部发布《中国区块链技术和应用发展白皮书（2016）》；2016 年 12 月，区块链首次作为战略性前沿技术、颠覆性技术被写入《国务院关于印发"十三五"国家信息化规划的通知》；2017 年 5 月，中国电子技术标准化研究院联合数十家单位发布中国区块链技术和产业发展论坛标准《区块链　参考架构》，为区块链落地产业设定标准；2018 年 3

月，工信部发布《2018年信息化和软件服务业标准化工作要点》，提出推动组建全国信息化和工业化融合管理标准化技术委员会、全国区块链和分布式记账技术标准化委员会；2019年2月，国家互联网信息办公室发布的《区块链信息服务管理规定》正式施行，以规范和促进我国区块链技术及相关服务健康发展；2019年10月，中共中央政治局就区块链技术发展现状和趋势进行了第十八次集体学习，明确要把区块链作为核心技术自主创新的重要突破口，明确主攻方向，加大投入力度，着力攻克一批关键核心技术，加快推动区块链技术和产业创新发展。所以，国家为了推进区块链技术在产业方面的创新、融合与应用，已经在规划、标准、机构设置、监督管理和战略引领等方面做出努力。因此，在接下来的发展过程中，抓住历史机遇，推进区块链在产业应用领域的落地，已成为当务之急。

对于制造产业，区块链的嵌入使产业发展呈现新面目。一是有效降低制造成本。无论是产品缺陷还是安全风险漏洞，都可以通过区块链找出其中的问题和原因，提升产品的完美度，降低产品召回的概率，从而进一步降低制造成本。二是有效维护智能制造数据安全。区块链采用了点对点分布式的方法来存储、传输信息，可以有效防止数据篡改，提高制造产业的网络安全和保护组织免受网络攻击。三是进一步提高智能化水平。在制造系统引入区块链之后，制造产业的运行规则也随之改变，设备自动确权并自我升级，机器通过区块链技术自动执行数字合约，不再需要人为介入，使得它们成为真正意义上的智能设备。

对于交通行业，区块链的嵌入能够提高其运行效率和质量。一是能够有效解决无人驾驶和车联网的信息安全问题；二是在违章处罚方面，可使被处罚人采用法定数字货币直接支付，而不需要到指定的地点、在指定的时间办理；三是能够解决交通拥堵问题，智能技术与区块链技术的相互嵌套，可以精准实时地记录运行中所有车辆的信息，这样有利于动态地调整车流大小，避免城市交通拥堵；四是能够降低交通事故发生率，基于区块链技术，所有车辆信息直接与车主的信用挂钩，这在技术层面可直接引导车主自觉维护自身的信用，因此所有车主在行车过程中都会更加关心相关的规则。

对于物流产业，区块链为整个产业的发展带来新的转机。将区块链技术应用于物流领域，一是能够保证货物安全。将区块链的溯源机制和追踪机制嵌入现代物流体系，能够解决传统物流领域因缺少追踪、难以追踪和无法追踪而出现的货物丢失或变质的问题。二是能够降低仓储成本。在物流的仓储环节利用区块链技术，可以优化仓储系统的运作方式，可识别、可追踪和可溯源的物流仓储系统在很大程度上节约了存货、查找和取货的时间，而且能防止差错，便于清点和定点运输等方面的管理。三是能够解决信用问题。由于区块链是一个分布式的账本，物流的各参与方都能同时且透明地持有相关交易环节的所有账本数据，且没有任何一个中介机构拥有这些账本的所有权，因此没有人可以单独修改区块链中的物流账本，使得物流区块链成为一个不可变的账本信息存储库，物流各方都可以独立地记账，并且契约一旦签订便会自动执行，从而保证了各方的合法权益。

对于新零售行业，区块链在增强客户黏性方面具有积极的促进作用。一是利用区块链进行零售商品溯源，从而有力打击市场上流通的包括但不限于假冒伪劣等不合格商品，用透明化的管理机制增加客户的信任。二是借助区块链对零售行业的大数据进行精准的预测与控制，确保供应链和物流数据的真实性与安全性，并为客户提供实时的零售商品动态信息，使其在交易过程中放心和安心。三是借助区块链的不可篡改性，助力形成零售交易过程中的责任共担机制，使交易过程的参与者从中获益。以上三种促进作用共同发力，最终形成了新零售行业的高质量发展格局，所有借助区块链升级改造的零售交易系统，都将获得更强的客户黏性。

对于金融产业，区块链的嵌入能够为金融领域解决信息不对称问题，实现金融"脱离媒介"，降低人力成本，提升金融服务质量等，整体上实现金融领域的金融生态秩序化发展。把金融系统建立在区块链技术之上，将省去审查各金融主体的环节，简化程序，真正实现"金融去中介化"。这不仅能够帮助企业降低征信成本，而且能够帮助金融机构大大降低人力成本，还有助于封堵金融风险点，规范各经济参与者的行为，有利于构建更加有序和规范的金融生态环境。

对于医疗行业，区块链的嵌入缓解了部分行业痛点。区块链赋能医疗，一是可以更好地保护患者的隐私数据。基于区块链的隐私数据保护具有天然的技术优势，双向加密的技术导向保证了各参与者意图的纯洁性。二是可以促进医疗资源的有效共享，从而缓解医疗资源紧张问题。应用区块链可以打造一个医疗资源联盟体，在标准、规范和格式等方面实现统一，进而促进联盟成员之间医疗资源的共享。

对于教育行业，区块链的嵌入解决了教育行业发展的信任问题。区块链的激励机制及其构建的社会网络可以鼓励所有参与者都成为网络主角，并成为整个网络建设的积极奉献者。从教育资源的维度看，如果依托区块链技术解决了所有学生之间的信任问题，并且面向全球开放教育资源，那么所有的学生都能成为一种教育资源，就能促进教育资源效益的最大化。在智能合约的辅助下，各种承诺都会自动执行，那么教育对象、教育者和教育中介三方之间的互动效率将变得更高，互动的文书成本和时间成本都会降低。借助区块链技术，可以确保教育对象教育经历记录的准确性。

对于人力资源行业，引入区块链可以提高人力资源管理的科学性。面对庞大的人力资源企业底数和发展迅速的市场需求，将区块链应用于人力资源服务行业有着广阔的市场空间。目前，较为可靠的三大"区块链+人力资源"的应用方向为：利用区块链的透明性进行招聘、利用区块链数据的不可篡改性进行背调、利用区块链的去中心化进行成本管理。

对于娱乐产业，区块链的嵌入将使传统娱乐领域产生颠覆性的改变。在区块链娱乐行业，无论是区块链音乐、区块链游戏，还是区块链影视，都开始呈现去中心化的发展趋势，其产业规模、发展模式和市场配置都与区块链直接相关。

对于互联网产业，区块链为整个产业带来新的转变。在互联网领域，区块链技术的运用预示着价值互联网时代的到来。区块链具有天然的价值社交属性，它能够让部分信息互联网向价值互联网过渡。区块链具有驱动、引擎的作用，促成部分数据从信息传输转变为价值传递。所以，区块链时代的到来，也预示着互联网将从"信息互联网"和"智能互联网"转向"价值互联网"。

综上所述，区块链从其诞生发展到今天，已经具备了应用落地的技术条件，也可满足新时代社会背景下各产业在发展过程中所表现出来的需求，它为各产业（行业）的发展带来了新的契机。总的来说，从产业的维度来看，多元协同致力于促进产业区块链化和区块链产业化是时代的必选题，尤其是如何抓住机遇，将区块链与制造、交通、物流、新零售、金融、医疗、教育、人力资源和娱乐等相关产业（行业）进行融合与创新，更是一个非常值得研究的课题。

第二章

"机"智过人：区块链赋能智能制造

制造业是国民经济的支柱产业，是国家创造力、竞争力和综合国力的重要体现。目前，除了金融领域，制造业仍是新兴技术可以"聚焦"的最大市场。"未来区块链技术在中国最重要的应用空间其实是工业制造等领域。"[①]人工智能、物联网和区块链等新兴技术在制造业中已经得到了一定程度的应用，可以预见，其巨大的潜力还在后面。

一、脱虚向实：工业、智能制造与区块链

（一）从传统工业到智能制造

工业是指采集原料，并把原料加工成产品的过程。工业作为第二产业的重要组成部分，分为轻工业和重工业两种，它们在经济社会发展中担任不同的角色。工业化程度决定了一个国家的现代化进程，现代化本身就是传统农业社会转变为现代工业社会的过程。目前在人类社会中，工业就业人数占总就业人数的比重不断上升，工业在人类社会中的地位不断提升。今天，不断涌现的新兴技术打开了工业 4.0 的大门。作为一种全新的技术，区块链能够有效助力工业

[①] 中国经济网.区块链在制造业能做什么？[EB/OL].（2019-11-05）[2020-11-15].http://www.ce.cn/xwzx/gnsz/gdxw/201911/05/t20191105_33522995.shtml.

发展，实现智能制造，并早日将人类带入工业 4.0 时代。

智能制造的真正内涵是什么？区块链与工业 4.0 到底有什么关系？

人类历史上发生过多次工业革命。在智能技术的赋能下，目前人类社会正朝着工业 4.0 迈进。各工业时代的生产特点如表 2-1 所示。

表 2-1　各工业时代的生产特点

工业时代	第一次工业革命	第二次工业革命	第三次工业革命	工业 4.0
生产特点	工厂化生产	大规模生产/流水线	数字自动化	智能系统/信息物理融合系统

第一次产业革命是人类进入资本主义阶段后所经历的第一次技术革命，这次技术革命将人类带入了工业 1.0 时代。工业 1.0 是一种机械化进程，在这一进程中，人力被大量转换成机器动力，生产效率得到了大幅度提高。但是，当时的工业化水平并不高，机械结构还不能完成非常复杂的动作，生产效率提高较为有限。

第二次工业革命把人类带入了工业 2.0 时代。工业 2.0 的机械化效率得到了大幅度提高，但其弊端也很明显——"无法协作"。在生产活动没有明确分工的时代，很多生产活动由一个人完成，个人的工作效率决定了生产效率。而生产活动有了明确分工之后，就必须进行协作才能保证生产活动的顺利进行，生产协作的效率制约了整个生产活动的效率。生产协作包括人与人之间的协作和机器间的协作，在解决人与人之间的协作问题之前，要先解决机器间的协作问题。

自动化技术的诞生和应用将人类带入工业 3.0 时代。工业 3.0 主要解决工业 2.0 产生的生产协作问题。自动化技术解决了机器间的协作问题，那么人与人之间的协作问题如何解决呢？答案是"信息化"。"'自动化'解决的是机器间的协作效率问题；而'信息化'解决的是人与人之间的协作效率问题。"[①] 作为一种信息化技术，区块链可以在工业生产领域发挥智能生产的作用，从而

---

① 杜均.区块链+：从全球 50 个案例看区块链的应用与未来[M].北京：机械工业出版社.2018:132.

有效提高生产协作的效率。从某种意义上说，前三次技术革命都在为智能制造做铺垫。

智能制造是近年来出现的新事物，其基本含义是：一种由智能机器和人类专家有机组成的人机一体化智能生产系统，它能在生产过程中进行很多只有人类才可以进行的智能活动，比如智能分析、推理、判断、构思和决策等。它更新了制造自动化的概念，使生产柔性化、智能化和高度集成化的特点更好地展现出来。

区块链技术的应用可以促进社会生产网络有机融合，实现社会价值有序流转。我们需要探索区块链技术在工业领域的应用，希望智能制造能够为区块链技术的应用提供一个智慧范本。

在理想的工业 4.0 时代，企业和生产线生产定制化产品，智能制造的本来意义就是定时定向生产。工业 4.0 有以下两重境界，分别代表了智能制造的两个发展阶段。

第一重境界——由工业 3.0 延伸来的工业制造的进一步自动化。工业 3.0 的自动化解决了工业生产中的机械协作问题，工业 4.0 的自动化将会进一步提高机械协作效率，为机械协作链接人员协作提供基础，从而进一步促进生产力发展。

第二重境界——在保证流水线高产的同时，生产高质量的定制化产品，达到这样的水平后，机器就可以大面积地代替人工劳动。

从某种意义上讲，第二重境界才是真正的工业 4.0。但是，要达到这种水平，除了要对工业生产单元进行特殊设计，还要在每次更换产品时快速地使机器"学会"生产新的产品，这是最关键的一步。机器"学习"新的生产技术无非就是要存储新产品的生产数据。在这种情况下，生产数据的安全性就显得尤为重要。确保数据安全，实现数据快速存储是区块链技术的基础功能。因此，要实现真正的工业 4.0，可借助区块链技术。

同时，构建一个全方位的价值互联网，实现信息的自由流通，也需要用到区块链技术。只有实现数据的自由流通，依靠物联网建立"数据高速公路"，同时结合云计算、工业大数据分析技术、人工智能技术等，最终才能实现理想的、完整的"工业4.0"。

其实，就目前来看，工业 4.0 和工业 1.0、工业 2.0、工业 3.0 并不是迭代关系，它们很可能是并存关系，因为并不是所有的产品制造都需要自动化和智能制造，也并不是所有的国家都有能力推行工业 4.0。但是，真正意义上的工业 4.0，一定是基于区块链等新兴技术的智能制造。

目前，世界上越来越多的国家和制造企业将传统制造业向智能制造转型确定为重要的战略发展机遇。这一轮智能制造热潮席卷全球，除了德国的"工业 4.0"、美国的"先进制造业国家战略计划"、中国的"智能制造"、日本的"机器人新战略"，英、法、韩、印、俄等众多国家也依据自身发展要求推出了一系列智能制造强国战略。传统制造业向智能制造转型升级已是全球大趋势。

制造企业对于智能制造抱有极大的热情和期待。然而，相关调查显示，只有 6%的中国企业制订了实现生产转型的明确实施计划，发达国家的这一数据远远高于中国，比如，美国为 22%，德国为 22%，日本为 31%。

当前，我国经济正在实现由高速增长向高质量发展转变，这一阶段是转变经济发展方式、优化经济结构、转换增长动能的攻关期，我们需要紧紧围绕创新驱动、智能转型、绿色发展这三个重心，全面推进实施制造强国战略。只有成功促进企业的智能化转型升级，提高企业效率和综合竞争力，才能推动当前中国制造业成功转型升级。但是，也不能将智能制造"一刀切"地推行到所有企业中，需要"因地制宜"，需要符合企业实际发展要求，将企业生产与智能制造系统相结合，科学地推动产业结构调整和升级。

（二）从智能制造到区块链

工业 4.0 的底层技术之一就是区块链，区块链独具的"价值传递"功能，为社会做出了贡献，实现"价值传递"也是工业 4.0 的重要特征。互联网的深远影响体现为对人类社会信息传递的贡献，互联网技术促进了世界信息格局的改变，而基于互联网的区块链将在全球实现"价值传递"，预计将给全球制造业带来巨大的改变。专家认为，区块链技术能够帮助人类迈入真正的"经济运行自动化"时代。

1946年，人类发明了第一代计算机"埃尼阿克"（ENIAC，Electronic Numerical Integrator and Computer，电子数字积分计算机），这台计算机的价值在于"计算"。科学家们给"埃尼阿克"设置好运算程序，然后输入数据，"埃尼阿克"便可以自行计算。在计算机技术飞速发展的工业3.0时代，人们给加了计算机的流水线机床输入产品数据，流水线就会生产出一件件产品，这是借助计算机程序化处理数据的结果。

而区块链是生产思维层面的一种根本性突破，拥有区块链加持的生产线不再需要先输入程序，生产数据本身就携带了生产程序。在不断重复和磨合中，生产程序和产品数据最终合二为一，数据具有了超高智能化的"自我识别"功能，从此时起，生产数据就可以转变成一个企业甚至整个行业的宝贵资产。这一过程完成后，信息互联网就正式升级为价值互联网了。

信息互联网的信息传递功能很难"变现"，其原因在于，信息只有与现实世界中的财富联系起来才能变现。而信息互联网的信息可以无限复制，能够让所有人无限复制的信息当然是毫无价值的。举个简单的例子，在现实生活中，我有一个苹果，我把苹果送给你，我就没有了；在网络世界中，我手机上的苹果图片可以转发给任何人，我的手机里还是会有那张苹果图片，我并没有什么损失；然而在依托区块链技术形成的"价值互联网"中，我把苹果图片从手机上转发给你，我的手机上就没有那张图片了，这就是信息互联网和价值互联网的本质区别。

在过去的观念里，数据、资产、程序三者几乎是风马牛不相及的事物，大部分人无法相信数据、程序、资产三者能够合为一体，共同投入生产活动中。现在，区块链技术让"数据即资产"成了可能。区块链技术可以给数据附加价值，因为区块链技术可以让单一的数据成为带程序的数据，成为能够确定所有权的数据，成为能够保证唯一并直接转移的数据，成为能够被信任的数据。"区块链改变的将是人类的价值传递方式。"[①]

我们可以将有价值的数据应用到生活的方方面面。现在很火热的共享经济——共享充电宝、共享单车、共享汽车、共享书籍等，都能使用区块链独有

---

① 新华网.区块链改变的将是价值传递方式[EB/OL].（2019-11-19）[2020-11-15]. http://www.xinhuanet.com/fortune/2019-11/19/c_1125249965.htm.

的智能合约系统对用户使用行为进行规范。

就拿共享充电宝来说，市面上存在各种品牌的共享充电宝，用户每次使用共享充电宝都需要交付相应的费用。共享充电宝系统中有一个包含了智能合约的程序，"用××充电宝若干时长"在这一程序中的处理结果就是"给××共享充电宝交若干元"，这个程序设置起来十分简单，但在工业 4.0 还没有达到"第二重境界"的情况下很难使用。

在工业 4.0 初期，如果要将用户使用数据输入这一程序中，就要下载很多 App 以在不同的平台输入，因为不同共享充电宝公司的收费标准和程序不尽相同。不同的程序导致数据不能相互共享，更不能统一处理，涉及整个行业的大范围数据优化更是不可能操作的事情。但是，如果运用了区块链系统，生产数据本身可以携带程序，数据本身就是资产，完全可以避免这些麻烦，实现全行业无障碍的价值传递。

用户使用充电宝时，只要将使用数据转化成一种统一的、行业可接受的数据资产就可以了，被使用的充电宝属于哪家公司，哪家公司就可以提走这一数据资产。区块链共享充电宝如图 2-1 所示。不仅是共享充电宝，整个共享经济都可以这样操作，从而进一步推动工业化进入更高的阶段，让整个社会的制造业系统进入"自循环"阶段。

图 2-1 区块链共享充电宝[①]

---

① 区块链 315.共享充电宝终局之战[EB/OL].（2019-09-21）[2020-11-15]. http://www.qkl315.cn/40486.html.

设想一下，如果把区块链与大数据、云计算、5G 等众多新兴技术一起整合应用到工业中，那么整个行业将会进入高速发展轨道。

二、"硬核"匹配：智能制造行业的痛点与区块链的优势

（一）智能制造行业的痛点

在中央电视台录制的大型纪录片《互联网时代》中，有一句很有哲理的话："在时代开启的黎明，人类未知的远远大于已知。"[①]目前，人们生产生活的方方面面正在被迅猛发展的新一代信息技术所改变，前方尚有许多"未知"的东西。但是，可以肯定的是，在人类历史中，每次信息技术革命都极大地提升了社会生产力，把生产水平推向了一个新的高度。如今，区块链技术也是如此。

当前，响应迟缓、互动不畅、信息单向、企业核心技术较弱等因素影响了制造业应有的发展速度和质量。其中，数据是一个关键因素。智能决策的前提在于拥有大量客观数据。数据可以是供应链上的某些交易数据、企业内部数据、行业数据、市场数据、客户数据等。同时，为了保证决策的顶层设计性，数据统计要求有一定的时间跨度。当所有的数据汇聚在一起时，找出其规律便能为智能决策提供条件。占有大量数据还有利于运营管理决策，有利于智能化研发，有利于设备的智能化升级，进而增强核心竞争力。然而，拥有全面、可靠的大数据，目前还存在一定的困难。

相对来说，企业内部数据比较容易采集。企业外部数据存在技术、利益关系方面的相关问题。举一个有代表性的例子——供应链上的"牛鞭效应"：客户往往隐藏自身的真实目的，将虚假的订单数据提供给供应商，使得供求数量关系不平衡，供大于求，进而采购商可压低价格，获得经济利益。同理可知，新产品的面世也将遇到相同的问题，各制造商基于生存环境隐藏真实的数据，

[①] 中央电视台大型纪录片《互联网时代》主创团队. 互联网时代[M]. 北京：北京联合出版公司，2015:3.

从而限制隐性市场的需求。

智能制造的关键在于实现制造业内部信息系统的纵向合成及不同制造业企业之间的信息横向汇聚，进而使制造业信息网络化和数字化。在实际生活中，制造业的相关信息和硬件设备来源于多个企业或厂家，传统的中心化系统由人工或核心计算机控制，想要获得制造业中的所有数据难度较大。同时，采购订单、产能情况、货物储存量等信息存储在企业或厂家各自的管理系统中。这些系统不一定相互兼容，无法保证数据互通的效率，从而限制了区块链技术在制造业中的应用。目前，"区块链的应用仍然处于初级阶段，各类应用模式仍在发展中。"①

（二）区块链赋能智能制造的优势

在讨论区块链赋能智能制造的优势之前，我们先看看智能制造领域主要选择的区块链类型。区块链目前可分为公有链、私有链和联盟链三种类型。这三类区块链的主要差异如表 2-2 所示。

表 2-2　三类区块链的主要差异

区块链类型	服务对象	中心化程度	交易速度	记账人
公有链	任何个体或团体	去中心化	3～20 笔/s	所有参与者
私有链	单独个体或团体	中心化	1000～10000 笔/s	自拟
联盟链	特定组织	多中心化	1000～10000 笔/s	参与者协商

如表 2-2 所示，公有链交易速度过慢，私有链中心化程度较高，而联盟链普适性更强。鉴于制造业产业链长、资源种类繁多的行业特征，联盟链部分去中心化的特点及较快的交易速度能保证制造业相关环节的运作要求。因此，用区块链赋能智能制造时，一般选择联盟链形式。区块链赋能智能制造的优势主要表现为有效降低成本、有效维护智能制造数据安全、提高智能化水平和增加外部附加值等。

---

① 人民网.2020 大数据、区块链、工业互联网走向何方[EB/OL].（2020-01-17）[2020-11-15]. http://blockchain.people.com.cn/n1/2020/0117/c417685-31553368.html.

1. 有效降低成本

区块链是一个无法篡改的数据存储系统，不因某个节点故障而丢失数据。因此，当企业将有价值的资料通过区块链技术存储和传递时，不用担心在流转过程中丢失数据。共享文档时，系统会按照规则自动创建一个区块，并将其加载到先前的区块上，形成可以追踪的链，参与者都可以看到数据的流向。在全球化的今天，制造业的供应链常常分布在世界各个角落，且交易经常处于不同的节点，因而会产生产品研发、制造和买卖过程的数据较难跟踪的问题。区块链技术可以创建可追踪、更智能、更高效的供应链，因为它提供了动态可见的安全渠道。透明的、动态的制造业区块链系统可以使企业快速监测并处理突发情况。无论是产品缺陷还是安全风险漏洞，都可以通过区块链找出原因，从而有助于提升产品的完美度，降低产品召回的概率，降低制造成本。

此外，对于采集、分析本来独立的系统中运行的全部传感器和其他部件的相关信息，使用区块链技术可加速这个过程。同时，借助大数据强大的分析能力，企业可以迅速有效地创建安全性更高的运营模式、效率更高的工作流程。区块链技术不仅能够提高研发、生产制造和物资流通等环节的效率，而且能够让企业的综合竞争优势更为明显。区块链能够提高价值链的可见性、灵活性，并且能够更加方便灵活地解决生产、物资储存、推广等环节中存在的问题。

2. 有效维护智能制造数据安全

随着数字经济和工业互联网的发展，制造业已经成为黑客攻击的重要目标。中心化云服务器、大型网络设备的建造、维护成本普遍偏高。在工业 4.0 时代，工业系统上链接的设备将呈指数增加，数以百亿计，其产生的大量数据在实时通信、传输方面的成本将骤增。在智能制造产业中，网络攻击成为一种常见的威胁。区块链采用点对点分布式的方法来存储、传输信息，可以有效防止数据被篡改，提高网络安全性，保护系统免受网络攻击。

通过区块链技术可以看到所有数据的流转痕迹，所有参与者可以在任何流程阶段核查产品和确定流程的真实性；每个交易均经得起审计和跟踪。相比于传统的集中式网络，黑客要想成功攻击分布式网络要难得多，因为成功攻击分布式网络的单个节点是没有价值的，只有成功攻击全部节点才可修改信息。区

块链的数据不能被篡改，这样可保证记录的数据为原始信息。

3. 提高智能化水平

在工业 4.0 时代，先进的自动化设备、传感器和执行器将被大量使用。然而，维护这些机器的成本是巨大的，需要更先进的技术才能满足这些机器的维护保养需求。一些企业尝试采用状态维护、预测性维护等新方法来保养设备，利用大数据、人工智能、区块链等技术自动诊断、发现问题，及时提醒操作人员进行维护，从而减少停机时间。

区块链技术能够将制造企业中的传感器、控制模块、通信网络、ERP 系统等连接起来，并通过统一的账本基础设施，让企业、设备厂商和安全生产监管部门长期、持续地监测生产制造的各环节，提高生产制造的安全性和可靠性。同时，区块链技术有利于企业审计工作的开展，便于企业发现问题、解决问题及优化升级系统，从而极大地提高了生产制造过程的智能化管理水平。

引入区块链后，系统运行规则也随之改变，设备自动确权并自我升级，通过区块链技术自动执行数字合约，不再需要人为介入，成为真正意义上的智能设备。智能设备间自动交易的方式将产生新的商业模式，单个设备只要接入互联网，就能成为一个交易的主体，以低成本与其他类似的设备分享资源，如计算利率等，使得物理世界与数字世界进一步连通起来。

在一些行业，零部件的数据必须保持高度的一致性，如航空业，因此其对区块链的需求是很明显的。区块链在鉴别仿造方面有着不可比拟的优势，可低成本快速溯源。对于制造企业而言，其除了通过生产实体零配件获得经济利益，还能通过产品数据获取利益。例如，美国穆格（Moog）公司计划按照客户需求，直接用 3D 打印技术即时把数字档案转化成实体零件，为客户实时提供需要替换的零件。再如，跨国软件巨头 SAP（思爱普）公司较早投资区块链，早在 2017 年就推出了数码创新系统 Leonardo，其底层技术就是区块链，现已与多家企业开展相关测试。

4. 增加外部附加值

人们发现，制造业中的很多流程都可以通过区块链技术进行修正，比如质量监测、产品管理等，这是人们先前没有想到的。区块链还能为公司内部运营与生产带来价值。目前，区块链在智能制造产业的应用范围并不是很明确。然而，企业和供应链中的许多流程确实可以通过区块链得以简化，最终的结果也是向好的，有利于传统制造企业转型升级，企业、供应商、客户等各主体都将受益。

2018年10月初，工业区块链（DIPNET）技术服务公司与时代产业集团旗下的广东时代产创工业互联网科技有限公司签署战略合作框架协议，在佛山挂牌成立工业区块链创新中心。双方达成的战略合作，不仅有利于工业区块链生态圈的建设，而且将聚集国际顶尖区块链技术研发团队及国内外生产管理咨询与研究机构，共同推动建立行业标准，引领行业健康持续发展，助力传统制造企业转型升级[1]。

三、流程应用：区块链在智能制造领域的"全历史"存在

从商业角度看，工业生产制造过程主要涉及"产品链——创新管理"、"价值链——业务管理"和"资产链——运维管理"等过程（见图2-2），区块链在这些过程中都起着重要作用。我们可从设计、生产、运输等环节分析区块链的"存在感"。

（一）设计环节的"数字孪生"

生产一个产品一般从产品设计开始，而客户调研则是产品设计的第一步。目前，区块链在这个环节已经有一些关键应用。例如，产品设计与定义的关键因素之一是调研的严谨性、真实性，这在一定程度上关系产品的成败。如果有区块链助力产品设计环节，效能非常大，不仅能够节约时间，提高设计的准确率，而且能够为后期产品验证提供保障。

---

[1] 光明网.全球首个工业区块链（DIPNET）产业园或将落户广东[EB/OL].（2018-10-03）[2020-11-15]. https://economy.gmw.cn/xinxi/2018-10/03/content_31509103.htm.

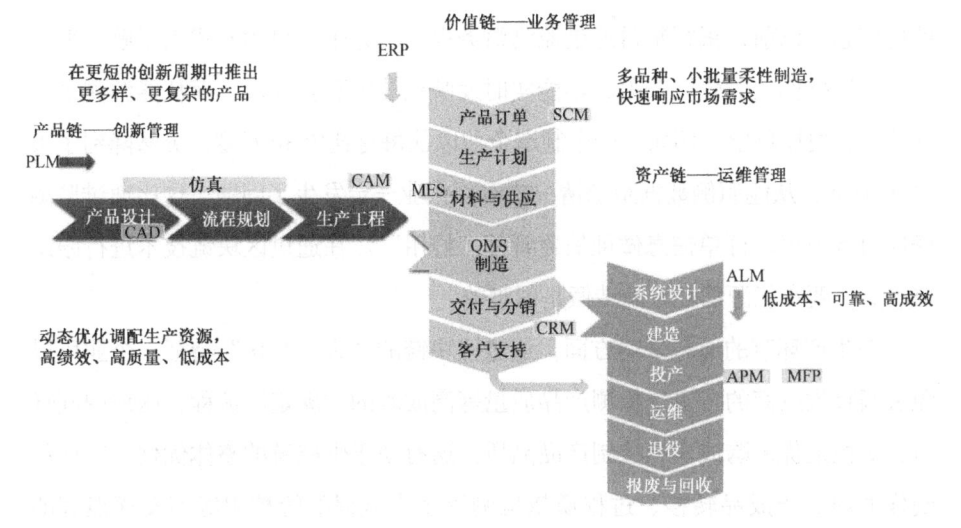

图 2-2　区块链参与的工业生产制造过程[①]

很多产品缺乏市场，不受消费者喜欢，很多时候问题产生于设计环节。产品的设计管理非常重要，设计过程中的版本、图纸、工艺、关键产品要素的上链管理也很重要。产品设计会贯穿产品的整个生命周期，直到产品报废。

数字孪生能够通过将数字挖掘和区块链融合，记录全部流程和参数，为后续研发提供数据支撑。当然，在产品设计环节，对版权、确权等问题的监管也会为后续工作奠定基础。

（二）产品生产中的"信任"

产品设计的下一个环节是生产。生产环节包括生产、能源管理、设备管理、供应链管理等方面。以能源管理为例，所有制造企业的能源管理都是非常关键的，包括成本控制、环保要求、企业增信等。能源包含水、电、煤等，在能源消耗过程中准确记录这些能源的应用情况至关重要，通过监测能源的消耗情况，很容易监测企业的生产指标。

在企业增信方面，智能制造企业如果要向银行贷款，银行需要了解企业的

[①] 并购家.工业区块链应用白皮书报告（2019）[EB/OL]. （2019-03-26）[2020-11-14]. http://ipoipo.cn/post/4376.html.

信用信息。以前，银行常常通过监测财务报表、订单信息的方式来了解。很显然，这种操作的时效性较差，不能实时反映企业的真实状况，而从能源侧进行征信，会更加科学。例如，一个制造企业以往每月耗电30万度，突然降到了每月1万度，从能源侧数据跟踪情况来看，企业一定发生了问题。这比通过监测任何财务报表、订单信息做征信监管都"好用"。在通过区块链技术进行跟踪监测后，要在能源消耗方面造假是很难的。

在生产环节的原料采购方面，通过区块链的"去中心化"特征，企业可以免去调查供应商的背景、检测产品质量等高成本的"规定"流程，压缩中间环节，掌控最优采购成本和控制产品品质。这有助于供应链的整体优化，在产品制作时限、半成品转移、过程质量检测等生产流程的管控中能够发挥很好的作用。

区块链能够把操作者与机器、流程节点进行匹配性捆绑，并实时数据化，有助于提高产品达到设定目标的概率，有效降低成本，而且出现问题后可使相关人员快速找到问题的关键点。在传统企业中全面实施生产设备的实时监控治理比较困难，因为目前很多企业的设备已过时，甚至有些已成为"古董"，传统企业设备数据的交互很难做到一步到位。但对于新兴制造企业而言，情况完全不同。新兴制造企业的设备交互性很强，数字孪生和区块链技术得到充分应用。例如，对于无人飞船太空作业，地球上的指挥中心存在一个数字孪生体动态与其互动，遇到问题，相关人员可以远程维护。数字孪生和区块链技术的应用不仅能够节省成本，而且能够将不可预知的问题数字化、知识化，甚至将制造业因素转化为经济资产。

在营销渠道管理方面，将区块链整合授信管控节点，可以助力企业做出符合实际情况的、最能解决问题的生产决策，也有助于监测企业真实的销售能力、货款账期，等等。目前，制造业的管理还存在很多需要完善的地方，一般的信息化手段不能做到"贴心服务"，需要通过"机制+技术"的共同作用来实现，这恰恰是区块链的"技能强项"。

（三）对产品运输问题不再"扯皮"

在产品运输环节，不同制造业行业的产品对运输的要求可能差别较大，如"高精尖"的仪器对运输过程的环境要求特别严格，而且价值高，常常通过购买保险来解决运输问题。然而，事故后的责任界定环节经常出现"扯皮"问题。运用区块链技术能有效避免这种情况。例如，根据欧盟规定，制药公司必须确保药品在运输过程中的温度条件保持在可接受的范围内，并证明药品在运输途中的质量没有受到损害。2018年4月，瑞士邮政整合创业公司开发了基于区块链的解决方案Modum，为瑞士邮政提供了一种行业领先的温度监测解决方案，该方案可对含有医药和其他温度敏感产品的运输过程进行监测。Modum可为制药行业提供一种"被动监控解决方案"，相关传感器可以持续监控环境状况，并验证在区块链上收集的智能合约信息与预先确定的需求是否匹配。

四、应用场景：区块链在智能制造领域的"样板房"

（一）智能合约是区块链在智能制造领域的"杀手锏"

区块链在智能制造领域有很多应用场景。

区块链在智能制造领域的应用场景之一是优化制造业务的运营效率，其中"杀手锏"是"智能合约"。"智能合约是一段自动执行的计算机程序，由区块链内的多个用户共同参与制定。"[①]

我们可以以房地产交易为例来理解区块链在智能制造领域的应用。房地产交易金额巨大，交易双方彼此如何信任的问题，长期以来主要依靠第三方——房地产中介来解决。如果将房产数据"上链"，利用智能合约定义房产过户条件，如"应付款全部到账后自动执行房产过户命令"，一旦达到过户条件，区块链就强制执行房产过户，而不会出现付款却不过户的情况。因为这中间的流

---

① ØLNES S, UBACHT J, JANSSEN M. Blockchain in government:benefits and implications of distributed ledger technology forinformation sharing[J].Government Information Quarterly,2017,34:355-364.

程是依靠技术完成的，没有人为因素干扰。

现在回到智能制造领域，供应链付款中也有类似的应用场景。采用智能合约后，一旦交付货物，客户账号立即执行付款操作，不仅大大提高了效率，降低了交易成本，而且规避了交易风险，保护了交易双方的合法权益。例如，利用区块链技术，澳大利亚创业公司 Power Ledger 设计了一个小型的分布式发电系统。与目前大部分由供电机构集中供电不同，Power Ledger 利用区块链技术让市民自行发电且在网络上售卖。在这个系统，所有交易都有唯一的网络签名，顾客购买电量后无法单方面抵赖，因为区块链会清晰地记录每笔交易的信息。这就使得电力的购买无须国家电网的信用背书，可以由用户之间点对点自行完成。随着太阳能、高容量电池技术的不断发展，加上区块链技术，个人有可能成为无中心电力提供者。

下面以富士康为例，看看制造企业是如何运用区块链技术与智能合约的。在中国，制造业一直是劳动密集型产业，以富士康为代表的精密制造业可以说是行业典范。富士康一直在推行"流程+表单"的工作方式，只要是跨部门的工作推动，无论是购买、置换、改造新设备，场地改造，物料进出，推行新方案，计划变更，还是放假，都需要签单。虽然富士康已经在推行电子签核系统，但实际效果并不理想，电子签核的效力显然无法与纸质签核相提并论，因此其实际上不得不采用"电子签核+纸质签核"并行的方式。

为了解决上述问题，富士康运用了区块链技术的智能合约。富士康将表单上链，发起人发起表单之后，各单位采用数字签名的方式进行签名，签核信息悉数保存于企业的私有链上，所有签核信息均对签核者公开透明，不可篡改，这样在保证公司机密的同时可以对签核单位起到约束作用。日后如有违约，智能合约会对违约单位自动执行相应的惩罚措施；如果未违约，智能合约可对履约单位自动执行相应的奖励措施，量化为对部门年终绩效的考核。

（二）审计与溯源

智能合约技术也可以应用于公司的审计。通过智能合约，可以预定义金额及流程的审计信息，监控采购订单是否已经审批、记账是否准确、付款权限是

否符合等，所有与约定审计规范不一致的流水都会被记录在案并发出提醒。这样不仅能降低企业审核自身数据和流程的成本，减少错误，而且能在相关环节共享数据，保证数据价值的安全传递。

除审计外，区块链在智能制造领域的应用场景还包括产品溯源。传统的产品追溯由链上各参与者自我运维、自证清白，但有些供应商出于利益的考虑，常常会提供虚假数据，产品溯源就会遇到困难。另外，虚假的追溯痕迹也给倒查假冒伪劣产品、召回产品等工作设置了困难。如果利用区块链的智能合约技术将所有追溯数据上链，这些数据将是完全值得信任的，任何人不能随意篡改。

智能资产化也是区块链技术的应用场景之一。在区块链中，任何资产都可以注册，形成各自的身份认证，掌握私钥的人控制身份认证信息，所有参与者能够通过转移私钥完成资产的交易。在智能制造领域，制造业的设备、原材料等上链注册后，不仅可以正常参与生产制造过程，而且可以作为数字资产进行价值交易。

智能制造与传统制造的关键区别在于"知识的力量"——可以说，知识是智能制造的"硬核"。作为重要生产要素之一的知识参与企业运营，在某些时候，知识甚至比设备、原材料和职工等生产要素的价值更高。知识作为一种高价值"浓度"的生产要素，适度的流动有利于发挥更大的价值。利用区块链技术能够解决知识交易过程中交易权属难明确、安全难保障和价值难衡量等数据问题。例如，IBM、三星和微软合作，希望通过区块链技术为下一代物联网系统建立一个概念证明型系统，该系统致力于成为一个能自动检测问题、自动更新、无须人为介入的设备。随着越来越多的制造企业接受区块链，区块链也将推动全新知识经济时代的到来。

五、展望未来：区块链赋能智能制造的前景

区块链并不是人们凭空幻想出来的新技术，而是时代发展、技术演化、实践应用突破阈值后的"产品"。区块链还存在一些不完善、不确定性，因此其

区块链与产业新机遇

潜能待挖掘，融合须加快①。区块链的更多应用场景仍待探索，但财富的机遇往往存在于行业的边缘地带，或者在行业之间的夹缝中，在我们目前尚看不到、看不清的角落。

区块链诞生 10 多年来，经历了满园春色式的先锋探索、百花竞放式的落地实践，目前已经到了从虚到实、从纯粹虚拟经济走向融合实体经济的收获时期。制造业对于实体经济的意义不言而喻。制造业与区块链的结合将是未来"智能制造"和"区块链+"战略的趋势。作为一种崭新的去中心化架构与分布式范式，区块链为自动化、智能化等相关产业的发展打下坚实的信任基础，助力打造安全可信的智能制造产业新生态。

作为新一轮产业变革的核心驱动力之一，我国明确要求把区块链作为核心技术自主创新的重要突破口，加快推动区块链技术和产业创新发展。我国多项战略规划多次要求着力提高核心技术的自主创新能力，这为我国制造业融合区块链技术提供了重要的历史契机。2020 年 4 月 20 日，国家发改委在召开的 4 月份例行新闻发布会上明确了新基建范围，将区块链包含在新型基础设施中的信息基础设施范围。区块链将在城市数字化进程中发挥自身属性优势，进而在包括新基建在内的众多垂直行业探索新应用落地。同样，新基建带来的"东风"将为区块链的发展提供更多的动力。

可以预见，"区块链+智能制造"的新生态是推进新技术及智能制造发展的战略选择，将对全球信息技术与制造业发展产生巨大影响。在区块链与其他新一代信息技术的共同作用下，制造业将快速向"智造业"转型，智慧工厂将得到普及。

---

① 人民日报.制造业如何植入区块链（产经观察）[EB/OL].（2019-12-11）[2020-11-15]. http://paper.people.com.cn/rmrb/html/2019-12/11/nw.D110000renmrb_20191211_1-18.htm.

第三章

智能行者：区块链赋能交通领域

    道路发展是一个地区经济发展的基础，交通体系完善是一个地区繁华富饶的象征。随着经济社会的发展，人们的交通方式日新月异，目前高铁时速超过300千米，高速公路上汽车的时速可达120千米，海上出现50万吨以上的巨型油船。21世纪将是交通智能化的世纪，但要形成完善的智能管理系统，必然要借助人工智能、大数据、物联网、区块链技术等新兴技术。那么，区块链将在智能交通中产生什么作用，又会给交通行业带来什么机遇呢？

一、价值所在：区块链赋能交通领域的意义

（一）基于交通领域的区块链特征

    区块链不仅是一项技术上的变革，而且是一场治理上的变革，这种变革也体现在交通领域，因为区块链的以下特征对交通领域具有重要作用。

1. 不可篡改性与交通

    很多时候，交通管理很难对一些突发情况"存证"，导致这种情况的因素有很多。区块链"不可篡改"的特征可以减少这些因素中人为因素的影响。区块链的不可篡改性是因为其算法要求要修改一半以上（至少51%）的数据记录

才有可能成功修改数据，但由于数据的公开程度和数量都较大，因此很难实现。应用区块链技术，能够提高数据获取、上传、分析能力，同时保证数据信息有一个更安全可靠的传输通道，避免由于技术或无意的行为造成信息丢失。因此，将区块链技术与交通管理相结合，只要保证上传的真实性，就可以解决"存证"难题。

从这个意义上讲，可以将区块链技术与交通的各领域相结合，实现对车辆、设备等的认证管理。可以建立一个基于区块链技术的分布式汽车登记系统，该系统的主要功能是自动管理车辆及其信息，保证汽车行驶等产生的数据记录的准确性。车辆在系统认证后，这个系统就可以获得并调取该车辆的行驶、保险、所有权等信息。例如，通过电子车牌号识别，能够实现车辆的自动化认证，以及追踪车辆的全部记录，从而防止数据造假；通过车辆认证管理的自动化，可以追踪车辆的所有权变更、保险情况等数据，并防止造假。

2. 共识机制与交通

区块链的核心精神就是"共识"，"共识机制"为互联网平台添加了"信任"。"共识机制"是对人类组织体系的一种新突破，它不同于以往的组织体系，既没有高低之分，更不存在独占鳌头的形式，它所形成的组织体系最大的特点就是节点平等、公开公正。任何参与者在区块链中都是一个个平等的区块，通用数据对所有参与者都是透明公开的。当然，个人隐私信息不属于公开透明的范围，对于数据的安全保证与应用需要参照一定的规范和协议。

下面以宝马公司记录汽车行驶里程、追踪维修历史作为案例进行介绍。2019年2月，宝马公司与供应链优化平台VeChain公司合作，旨在利用区块链技术追踪汽车维修历史、车辆行驶行为及其他相关数据。此外，宝马公司积极试点区块链平台，通过其启动的创新项目来追踪租赁汽车的行驶里程。该平台是区块链驱动的移动交通生态系统，主要以激励方式促使驾驶员在使用租赁汽车时记录行驶里程。借助这一平台，驾驶员通过上传行驶里程数据获取代币，并可以使用代币购买平台的各种产品，如雨刷、备胎等，而宝马公司可通过获取里程数据进一步了解车辆的具体行为。该项目构建了基于区块链驱动的移动交通生态系统的循环经济理念。

3. 分布式与交通

打通"数据孤岛"是区块链分布式特征的优势，其将数据分享到各个彼此并列的区块中，而不是使数据受控于"主机"或"中央机"。区块链技术采用分布式的对等网络（这是与中心化数据存储方式最大的不同），具有良好的容错性和扩展性，以点到点的形式将数据分布到每个节点，用公开透明的方式实现"如实记录""及时更新"（见图3-1）。可以预见，一旦将区块链技术应用于交通领域，营运车辆税收、交通事故救助、车辆证照办理、驾驶证申领、交通安全征信等业务都将产生积极变化，协同业务将成为常态，这样不但时效性好、科学性强，而且公开、公正。在区块链分布式特征的影响下，交通领域将从"中介信任"走向"算法信任"，从"人情信任"走向"科技信任"。

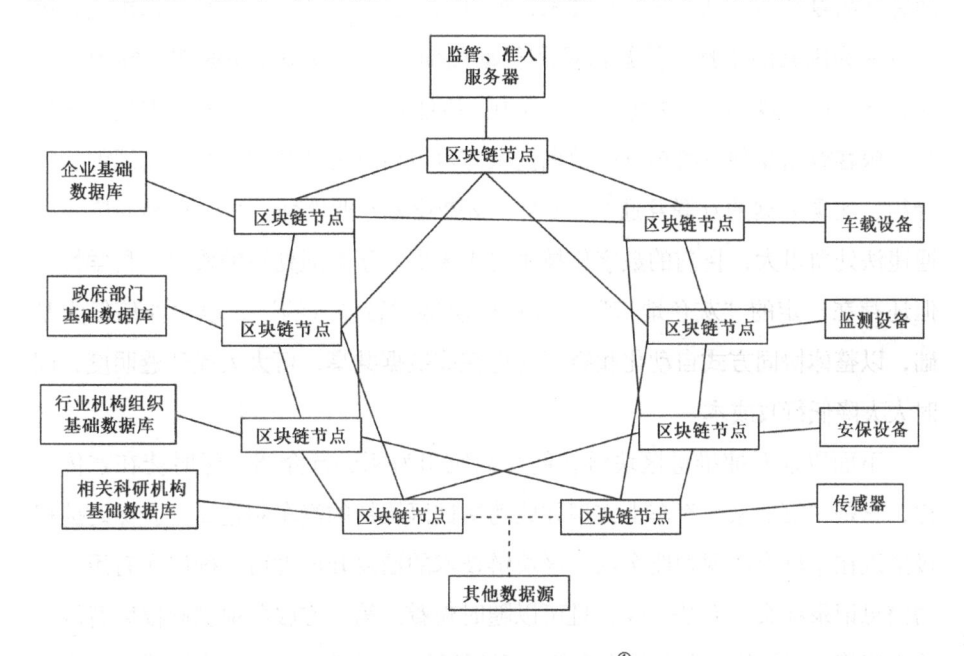

图 3-1 区块链分布式记账[①]

下面以美国联邦航空管理局采用区块链技术进行空中交通管理为例进行介绍。2019年1月7日的一篇公开论文显示，美国联邦航空管理局明确表示，美

---

① 龚奕，廖金花. 区块链技术的城市智能交通大数据平台及仿真案例分析[J]. 公路交通科技，2019(12)：117-125.

国航空部门必须在2020年前开始使用广播式自动相关监视（ADS-B）系统。不过，美国联邦航空管理局的一位研究员表示，该系统存在许多重大漏洞，包括易受欺骗、拒绝服务等。为此，美国国家航空航天局积极采用分布式账本技术解决这些问题。该机构引入一个基于区块链的、被称为航空区块链基础设施的许可框架。尽管能否将区块链解决方案整合到ADS-B系统中尚待观察，但该机构对新兴技术表现出了开明的态度，值得点赞。

4. 智能合约与交通

通过智能合约可实现不同主体之间的协作信任，提升不同参与主体之间合作的契合度。在信息传输和处理的网络中，有许多人为因素带来的不确定性、随意性和复杂性。基于区块链技术，通过网络运算、智能合约及共识机制，可减少人为因素的干扰，缩短流程和行动周期，提高效率和快速响应能力。例如，在"高速铁路+共享汽车"平台中，智能合约与数据流通的要求契合度极高，旅客数据及共享汽车供应数据提供方可以自行设计数据交互、流通的智能合约，实现数据的互联互通[①]。又如，交警业务专业性强，平时执勤面广，交通违法处罚量大，目前的数字化技术已大大提高了交通处罚的效率及科学性，但还存在一定的"灰色地带"。通过区块链"智能合约"，以协作信任为基础，以整体协同方式自动化和智能化地完成数据共享，可大大提升透明度，同时大大降低行政成本。

下面以保时捷推进区块链智能合约应用为例进行介绍。保时捷在宣传中称，它是"第一家在汽车上实现并成功测试区块链的汽车制造商"。保时捷积极推进在车辆上实现智能合约。区块链技术的信息开放性可以确保所有用车活动信息记录在案、无法修改，且可以随时查看。第三方服务提供商仅凭智能合约就能将自己的线上服务接入车辆，无须任何软/硬件的支持。在这个过程中，区块链技术将建立受保护的车辆数据与功能之间的联系，并保证各环节的信息传输通道畅通。

---

① 魏元玲，赵宏涛. 高速铁路旅客信息系统构建研究[J]. 铁道运输与经济，2017，41(1)：75-79.

（二）区块链应用于交通领域的必要性

智能交通以提高服务效能为目的，让交通具有"思考分析"能力。这需要以先进的智能技术作为支撑，在交通工具和交通系统中嵌入拟人思维和协同机制。同时，中国目前正从交通大国向交通强国迈进，我国高速铁路、高速公路的里程数都已经位居世界第一。在这一背景下，将区块链应用于智能交通恰逢其时。

一是有利于我国交通行业的转型升级。在我国生产力快速发展的背景下，智能交通将会得到更立体化的呈现。随着我国汽车消费量的快速增长，城市交通管理难度日益增大，对相关设施和运行效率提出了更高的要求。智能交通正是为了满足这些要求而出现的一种系统化工程，其通过对人工智能、大数据、区块链等新兴技术的综合应用，提升行业资源优化配置、公众服务和公共决策的能力，带动交通行业转型升级。

二是有利于缓解环保压力和经济负担。哈佛大学 2018 年的一项研究表明，汽车会排放毒性烟雾，车辆交通堵塞中反复的启动、刹车会使产生的烟雾大大增加。对于这些毒性烟雾，司机、车辆附近的行人等都无法逃避，其中最大的受害者就是行人。在美国，越发达的城市就有越多的行人因吸收毒性烟雾而过早死亡。此外，拥堵的交通还会带来巨大的社会运行成本。据统计，如今在美、法、英、德等发达国家，因交通拥堵带来的治理成本每年高达 4 亿元之多。因此，利用高科技手段改造传统交通行业势在必行。

三是有利于提高人们的幸福感。当前我国还存在车多车位少、城市道路拥挤、交通设置不合理、交通事故处置不及时和不公平等问题，严重影响了人们在交通领域的幸福感。瑞典的一项社会研究发现，乘坐交通工具时间越长的人离婚的概率往往越大。要提高人们的幸福感，利用现有的高新技术打造智能交通系统成为"必选项"，使智慧城市更加智能成为"必做题"。

四是有利于强化信息安全。交通与人的安全息息相关，交通领域的一些数据容不得半点儿错误，否则会造成财产损失、人员伤亡等。对于车辆领域来说，只有全面分析移动性强、切换频繁、车辆数量多、传输信息多源异构的异质性信息网络的特性，采用区块链等信息安全技术，才能确保车辆网络中用户信息的安全性和有效性。例如，利用区块链的共识机制来传输信息，将安全区域分类并对车辆进行重新编码，从而实现相应的安全保障。

（三）区块链将为交通行业带来新机遇

新技术赋能新生活，助力智能交通。所谓智能交通系统，是一种将先进的电子传感技术、控制技术、计算机技术、信息技术、数据通信传输技术等有效地集成运用于整个地面交通管理系统而建立的一种在大范围、全方位发挥作用的系统。它是实时、准确、高效的综合交通运输管理系统。目前的智能交通系统并不是很成熟，可以实现数据的存储、共享，但还不能做到实时、准确、高效；对现在的城市交通问题有一定的帮助，但无法彻底解决，仍有很多可以更新升级的方面，如在通信、控制等方面。作为最前沿的技术，区块链使未来资源信息得以发挥最大的效用，为交通行业带来了新的机遇。

我们不妨看一些例子。在国外，英国运输系统公司和谢菲尔德大学于 2018 年联合发布的一份报告指出，区块链可为未来的综合交通系统提供基础，而不需要大型且昂贵的集中控制机制。英国为保持其运输系统的领先地位，已经对潜力极大的区块链这一技术进行了深入的研究。在我国，2017 年 12 月 12 日，交通运输部中国交通通信信息中心、工信部中国信息通信研究院、中国互联网交通运输产业创新联盟等相关部门与企业共同发起构建面向交通运输产业的区块链网络——交通运输链。构建现代交通网络，需要连接交通运输产业中的政府部门、企业、协会等主体，车辆、船舶等运输装备，以及道路、桥梁、场站等基础设施，还需要结合互联网、物联网等技术。交通运输链依靠区块链的共享和去中心化特点，利用其优势解决行业数据共享困难等智能化管理问题。交通运输链可实现运输产业中的大数据共享和设备的点对点交换，从而形成新模式，保障数据本身的权益，提高智能交通运行效率，综合其信用所需成本。

二、场景应用：用技术提升人们在交通领域的体验感

2019 年 9 月，中共中央、国务院印发了《交通强国建设纲要》（以下简称

《纲要》。《纲要》提出,从 2021 年开始,到 21 世纪中叶,分两个阶段推进交通强国建设。同时,《纲要》还提出将大力发展智慧交通,推动交通发展由依靠传统要素驱动向更加注重创新驱动转变,推动大数据、互联网、人工智能、区块链、超级计算等新技术与交通行业深度融合。可以说,区块链等新技术在交通领域具有广阔的应用前景。对区块链+物流、区块链+高速公路、区块链+车联网、区块链+停车等行业场景广泛开展试点研究,有机会破解当前存在的数据安全、鉴权管理、隐私保护、智能合约等方面的问题,为交通运输行业的发展提供新动能[1]。下面我们重点从以下几个方面介绍区块链如何提升人们在交通领域的体验感。

（一）提升车联网信息安全

近年来,车联网的竞争越来越激烈,相关应用也越来越多,这难免会产生信任安全问题。在车联网中,汽车作为移动网络单元需要不断地向周围车辆广播消息,并接收其他车辆发送的消息[2],网络规模巨大、无线信道开放等特点使其更容易遭受安全威胁[3]。

区块链作为一个去中心化的分布式账本,可以实现数据共享,保护数据隐私,并利用智能合约和共识机制提高车联网的可信度。车联网技术的核心是,每辆车利用车载单元与其他车辆、固定基站通信,一方面实现交通信息的大范围协同与共享,另一方面通过这些信息实现自身的智能避障等功能。车联网作为一个拥有海量数据的信息系统,正好可以利用区块链保障网中数据的安全,并且提高车辆管理的效率。

近年来,黑客攻击汽车事件不在少数,比如通过一段简单的代码就可以实

---

[1] 四川省人民政府.国内首部交通区块链白皮书在成都发布 [EB/OL].（2020-11-11）[2020-11-12]. http://www.sc.gov.cn/scxxgkml/c100057/202011/aad1d8328fa348c8877ec09c16178fb8.shtml.

[2] 刘小洋,伍民友.车联网：物联网在城市交通网络中的应用[J].计算机应用,2012, 32(4): 900-904.

[3] 陈梁.车联网的安全威胁及研究现状[J].中国信息安全,2018(6): 103-105.

现对车载网络的破坏性攻击，完成刹车、改变车速、播放音乐，甚至将乘客锁在车内等行为。通过在车联网系统中引入区块链，可以大幅度提升现有车联网的安全性。使用区块链的车联网数据难以被篡改，通过共识机制可实现更加安全可靠的认证存储服务，并能提供可持续性服务。

（二）缓解交通拥堵

通过基于区块链的智能感知技术，车辆可以完成对自身和周围交通状态的信息采集。在车载通信系统和车辆终端控制系统的辅助下，车辆可以为车主提供路径导航、智能避障等功能。由于车的位置都由区块链记录下来了，车辆通过区块链技术可以实时判断交通拥堵程度，及时为车主调整路线规划，有助于防止绕路，提高自动化水平，实现智能交通疏导。此外，基于区块链技术，高速收费、交通违章罚款缴纳、停车费用缴纳等都可以即时在线上完成，车辆不需要排队等待线下支付，从而可以节省大量时间，并且可以缓解交通拥堵。服务费高昂、用户数据隐私难以保障等是数字地图行业的痛点。事实上，传统众包地图模式在人口基数较小的城市难以开展。由于交通拥堵痛点不明显，小城市用户参与度低，间接导致数据的覆盖率和准确率下降。针对这种情况，可以采用区块链的方式，一方面通过通证激励为用户提供贡献数据的动力，另一方面用去中心化的方式对用户贡献的数据进行验证，提高数据的真实性、可用性。

GoWithMi（高维地球）是全球首个完整的去中心化位置服务基础设施。处在流量红利期的印度尼西亚雅加达是 GoWithMi "区块链+地图"的首个试点。自 2018 年 3 月上线谷歌商店后，GoWithMi 已在雅加达积累了 100 多万用户。目前其在雅加达的激励方式还是沿用积分兑换礼品的模式，在该激励模式下，用户数据贡献量巨大。尽管任何激励机制都有可能达到愿景，但区块链在数据去中心化、数据隐私保护、数据回归用户等方面具有一定的优势。

（三）提升智能价值

通过区块链，可以直接支付一些交通违规的罚款，实现即时付款。采用智

能合约，政府相关部门可在链上智能调整各路段的收费标准，在不同时间和不同路况下设置不同的收费模式，这样便可最大限度地疏解交通拥堵，提高道路通行效率。

据 Cointelegraph 网站 2019 年 2 月 27 日的消息，俄罗斯交通部计划试用由 IBM 和马士基共同开发的区块链航运解决方案 TradeLens。俄罗斯金融媒体 Kommersant 收到俄罗斯副总理 Maxim Akimov 的官方信件。信件透露，该国交通部及其下属机构将与马士基签署一份谅解备忘录，在俄罗斯第二大港口圣彼得堡港口进行 TradeLens 试点。有专家表示，此举预计可以减少超过 100 亿卢布的运营成本。汽车电子钱包会赋予车辆自主完成数字化交易的"能力"，当车辆信息上链后，汽车电子钱包用户可以获取精准的收费信息，保证信息不可篡改，省去第三方的审核环节，提高支付过程的效率，从而进行安全有效的交易。高速无人收费站、汽车充电桩等都可以采用这项服务，如果未来汽车电子钱包真的变成现实，不仅可以降低支付风险，提高支付效率，还可以为用户节省中间层级的费用，一举三得。

另外，通过区块链可形成一个去中心化、分布式存储的大数据共享市场，这些数据在得到车主的授权后，被应用于智能交通、保险、汽车后市场等行业，这些行业将通过平台付费来购买数据，平台再将这些费用以积分等方式返还给车主，从而真正实现数据由车主提供、数据价值回归车主的全新理念。

通过区块链可以实现交通数据共享。利用区块链半公开的性质，可将车辆绑定在链上，进行车辆认证管理，产生一车一码的"电子车牌号"。只要所有的车都上链，人们就可以查询所有车辆的信息。所有违章行为都会实时显示，通过跨区域的区块链智能合约，参与节点的所有数据可实时同步更新，从而实现执法结果可信、可共享。图 3-2 所示为区块链信用平台原理示意。

区块链在车辆检测、车辆信息记录等方面也具有重要作用。区块链技术可以对每辆车的身份进行记录，车主可以通过安装专有芯片并下载 App 形成电子车牌，使每辆车有唯一标识。当车辆需要年检和需要保养时，车辆会自动发出警示；当车辆检测、保养完成后，其还可以实时完成付费，付费精确且耗时短。交管所也可以通过技术锁定车辆信息。此外，区块链的可追溯性可以减少车辆交易过程中的欺诈行为，从而形成合理的转售价格；区块链的智能合约可

以在用户支付租赁费用后使其停用汽车的解锁系统；区块链还允许股东访问和共享相关记录（如保险单），从而促进车辆信息的点对点共享。

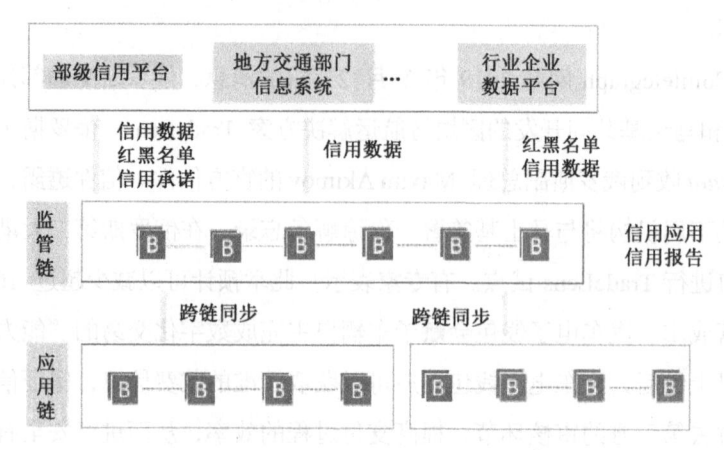

图 3-2　区块链信用平台原理示意[①]

三、未来可期：区块链赋能交通存在的问题与对策

《交通区块链白皮书（2020）》指出，未来"区块链+交通领域"的发展主要表现在三个方面：区块链将与交通基建场景融合，在高速公路自由收费、智慧工地、公路养护等领域取得突破；区块链将与货运物流场景融合，聚合货主、司机、货源、运力、贷款等信息，实现智能车货匹配；区块链将与公共出行场景融合，加强交通管理各方之间的联系，使交通综合管理更加高效、可靠[②]。目前，交通部门正在积极利用新兴技术整合行业信息，同时与相关互联网行业开展项目合作，利用"区块链+智能交通与大数据"来解决传统交通所遇到的瓶颈问题。

---

① 中国公路网.交通运输行业首份区块链白皮书发布[EB/OL].（2020-11-12）[2020-11-13]. http://www.chinahighway.com/article/65386222.html.

② 人民网.区块链+交通运输=？国内首部交通区块链白皮书在蓉发布[EB/OL].（2019-11-11）[2020-11-12]. http://sc.people.com.cn/n2/2020/1111/c345167-34407147.html.

（一）区块链赋能交通存在的问题

1. 短期内难以形成完善的政策环境

目前，虽然国家从顶层提出了促进区块链发展的措施，广东省、海南省、四川省、浙江省、山东省等地出台了相应的扶持政策，但区块链天生的"去中心化""分布式""集体约定（智能合约）"等特征，颠覆了人们的思维方式，冲击了现有的一些技术扶持政策。目前各地针对区块链出台的扶持政策大部分停留在宏观层面，还需要出台更多细则才能实现区块链技术在交通领域的真正"着陆"。此外，目前各省市在"区块链+交通"方面的具体扶持政策还没有完备的法律法规的支撑，这在一定程度上影响了区块链在交通领域大显身手。

2. 数据共享存在困难

要想真正发挥区块链的价值，必须打通交通领域与相关领域之间的数据壁垒，加强部门之间、行业之间的信息共享共生。然而，各平台由于编写程序、系统接口等不一致，数据共享、去中心化的过程中存在阻碍，跨链数据难互通，无法达到区块链的应用要求，这在一定程度上束缚了区块链技术在交通管理领域的深度应用、立体呈现。此外，分布式的"多方维护""集体表决"的方式也会带来一定的负面影响。例如，有些平台虽已经打通，但由于没有形成成熟的技术标准、操作规范，平台的运维并不流畅。

3. 网络安全存在缺陷

区块链的安全系数较高，但并不意味着没有安全漏洞。交通领域含有大量的车辆数据、乘客数据、商业数据等敏感信息，如果出现数据泄露、网络攻击等事件，后果相当严重。一旦出现网络安全事件，区块链的"不可篡改"优势就会变成无法"撤回""取消"的劣势。

4. 中心化与分布式冲突

区块链在交通领域应用不仅涉及技术问题，还涉及权威性、官方性等问题。例如，公安部门、交通部门的服务、救援、侦察等数据属于较核心、敏感的数据，这些数据不适合"去中心化"。再如，交通违章缴费系统如果无差

别、透明地分布式"上链",将会对现有的支付体系造成一定的冲击,对央行的权威性、人民币的地位产生一定的影响。

(二)相应的对策

1. 坚持问题导向

问题是时代的先声,我们应坚持问题导向,利用区块链在交通领域应用的"优点""特点"研究相关运行机理,不断提高应用水平,解决交通领域面临的"顽疾""难题",特别是要解决目前交通管理中的数据不安全、信息不公开、数据不共享、数据共享但不流动、共享设备运维难等突出问题,促进区块链技术在交通领域深度应用、有效利用,从而推动整个交通行业的发展。

2. 加强顶层设计

目前,国家层面已经出台了《交通强国建设纲要》,但为了避免各区块链交通平台在应用场景中各自为战、相互独立、重复建设等,还需根据不同行业、不同地区、不同应用时间制定应用场景更"接地气"、部门职责更明确、技术边界更清晰的落地细则,不断完善相关法律法规、政策和制度。同时,搭建或整合交通领域的技术平台,实现资源共享的最大化。此外,需要加大对区块链在交通领域应用的市场监管,结合交通领域的特点,为区块链在交通行业的应用保驾护航。

3. 规范研发标准

大力推进包括区块链、大数据、互联网、人工智能、超级计算等在内的新技术与交通行业深度融合,共同助力数字交通建设。深度研发,提档升级,通过技术标准化手段,打通不同系统、平台之间的阻塞,探索区块链在交通领域更深入的应用。当前,建议在风险相对较小、标准化易统一的交通领域进行先期试验,探索应用中的软/硬件环境要求,不断完善区块链标准,为区块链在交通领域的全面应用奠定必要的基础。

4. 注重人才培养

将区块链技术应用于交通领域，需要大数据、云计算、人工智能等技术的支持，涉及国家及地方政策、区块链及交通专业知识、业务复合型知识等。然而，目前在交通领域，同时具有以上相关知识的人才非常少。因此，要全方位、多渠道发现或培养具有跨界知识、融合技术的"区块链+交通"人才，打造一支复合型、实战型的高端人才队伍。同时，不断促进相关科研成果落地，将其及时转化为生产力。

第四章
区块链物流：发展步入新阶段

物流是指为了满足客户需求，以运输、保管和配送等方式，实现原材料、半成品和成品等由商品的产地到商品的消费地所进行的计划、实施和管理的全过程。物流的构成主要包括运输、库存、包装、搬运、流通、加工和信息管理等环节。新一代信息技术使物流业的各环节发生了很大的变革，尤其是区块链能在物流货物追踪与溯源、流程简化与优化、物流信息共享和物流仓单建设等细分领域发挥重要作用，促使物流业发展步入新阶段，并带来了新的发展机遇。

一、国际物流业：从市场到需求的变革

从目前来看，物流领域的变革主要包括市场份额的变化、服务变革、地域变革和需求变革等。

首先，市场份额的变化。从市场份额上看，传统大西洋航线份额下降，"一带一路"沿线国家市场份额急剧上升。在过去200多年间，以海运为核心的全球物流市场都是以太平洋航线、大西洋航线为主导的市场，但最近10年中，大西洋航线份额在全球物流市场的份额已经下降到29%，新兴市场和区域市场，特别是"一带一路"沿线国家的市场份额在不断上升，已经占到约59%。无论是电商物流还是消费者物流、B2B物流，物流业都在持续升级换代。这与中国在全球化进程中坚持开放市场所形成的强大市场竞争力有着密切联系。

其次，服务变革。从服务方面看，跨界竞争迫使物流业从"劳动密集型"向"技术密集型""服务创新型"转变，谋求更"专业化"和"精细化"的服务。例如，"一带一路"对中国大型发电设备的需求不断攀升，但大型的发电设备、风电设备运输需要细分的运输市场、专业化的公司才能完成。以风电设备为例，能够运输风电设备的物流企业不仅要制订运输方案，而且可能需要加固运输过程中途经的一些桥梁、道路，而这些工作都需要专业化的公司来完成，如果物流企业没有一定的专业水准，其很难在该领域立足。

再次，地域变革。从地域方面看，不同地域的物流具有不同层次的变革。物流理念从聚焦传统市场要素、单个要素，变革为聚焦一站式、全程式要素，加快推动横向整合、跨境融合、集群发展。非洲物流的变革更侧重于物理形式，通过建立物流园区等方式，正在完成物理条件的整合，相比之下，其他国家则更多地侧重数字化变革。

最后，需求变革。从需求方面看，物流正在从追逐价格和产品，变为追求物流的便捷、高效、平安。这是一种从量到质的深刻变化。京东物流CEO王振辉认为，无论是客户还是从业者，都在强调"需求端"的变化。对于C端来说，京东于2015年首家推出当日达的物流服务，能够提供最快当日达的配送服务。整个电商行业对"快"的追求越来越极致。哈萨克斯坦国家铁路公司董事长表示："在与中国'一带一路'倡议合作5周年之际，跨国物流具有非常重要的意义。过去10年时间，哈萨克斯坦已经投入了300亿美元来改善基础设施，包括公路、铁路等，每天铁路运行里程达到1500千米，与中国、欧洲联运的运输天数从15天压缩到10天。"物流领域专家认为，在"一带一路"倡议落实过程中，国际物流企业的思维发生了变化，从以往的产品思维向客户思维转变，这同样是门对门、港对港、端对端的需求变化。

二、现存问题：物流的整体服务还有改进空间

随着物流领域的不断发展，该领域的相关问题也浮现出来，具体包括用户隐私容易泄露、赔偿机制繁杂、信息真实性欠佳和信息孤岛问题等。

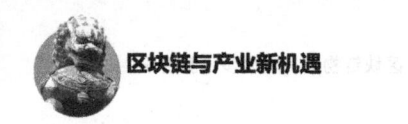

首先，用户隐私容易泄露。无论是国内的顺丰、中通、申通、圆通等物流企业，还是国外的联邦、UPS等，都不能保证对用户信息做到百分之百的保护。网上出现了一些物流行业隐私泄露的新闻，对物流行业产生了消极影响。这个弊端很多时候会给用户带来不必要的麻烦。

其次，赔偿机制繁杂。无论多大的物流公司，凡是遇到快件丢失、破损等需要进行赔偿的情况，都需要先联系相应的工作人员或客服，再上报给公司总部，流程复杂、浪费大量时间、效率低、员工刻意隐瞒等问题没能得到很好的解决。尤其是层层上报的问题，导致物流行业的赔偿机制较为滞后。

再次，信息真实性欠佳。近年来，利用物流进行违法犯罪活动的事件依然存在，违禁物品居然能够通过物流行业进行交易，这在某种程度上间接反映了物流行业中仍然存在客户瞒报和谎报寄件信息等问题。在此类事件中，犯罪分子当然会刻意隐瞒自己的真实姓名、住址、电话，使得相关部门很难快速有效地确认上报数据的真实性，只能根据企业上报的数据进行监督和检查，且存在溯源困难的问题，导致对犯罪活动的打击力度不足。

最后，信息孤岛问题。各快递公司都有中心化的管理系统，每个系统都有自己的信息管理中心、自己的数据库、自己选择的操作系统、自己开发的软件，以及完全独立的运作体系。随着快递行业的发展，信息孤岛问题越来越严重。信息的互不共享不仅会造成信息资源的浪费，而且会使快递公司陷入"价格战"。

三、应用价值：安全、成本与信用向好发展

（一）区块链物流运作体系的诞生

区块链物流是指在原有物流基础设施建设的基础上，引入区块链思维和区块链基础设施，以改变传统的物流运作模式。区块链物流作为一种新型的、更高层次的物流形式，利用区块链与各种物流控制设备的结合，将物流从"人与物"相连推动到"物与物"相连的新阶段。区块链物流在加快商品流通速度、提高商品流通效率、改善客户服务质量等方面有明显作用。

将区块链融入物流，对于数据统计分析有很好的改善与提升作用。区块链

使各参与企业的物流信息得以汇集到分布式账本上,并以加密算法保存,同时利用大数据进行有效整合,保证数据安全、透明与可信,增强预测的精确度,从而提高物流效率。同时,人们以区块链为基础,将同一网络中的物流体系相连接,其间的各参与者之间的信息交互具有更高的可靠性,对整个物流系统有更明显的优化作用。

区块链在跨境电商中具有重要应用。虽然在我国电商环境良性发展的背景下,跨境电商贸易保持着高速发展态势,但也面临一些难题,譬如,跨境电商交易涉及的国内外监管部门多、跨境物流信息不透明且各环节成本高、品控难度大且难以溯源、跨境支付受阻等。区块链与跨境电商结合,使得数据链在交易方之间公开透明,可全过程地追踪商品流通变化,提高物流效率与信息安全性,从而实现有效举证与追责。利用区块链的信息共享、不可篡改及时间戳特性,检查人员可动态监控交易各环节,并通过制造商与供应商的账本信息对跨境货物进行分辨,从而保障货物安全出/入境,减少假冒伪劣问题。区块链给跨境电商带来更大的发展前景。在各国政府的推动下,区块链保障了跨境货物质量安全、简化了出/入境环节。

区块链在供应链中也有重要应用。供应链作为一条涉及从上游供应商到下游客户的链条,包含信息流、资金流和物流等基本信息。与此同时,链中的各节点企业时刻进行协同合作,产生各种离散的交易信息,被存储在各互不相连的节点系统中,而这些链上的信息存在孤岛问题,致使各节点企业的信息流动不通畅、信息失真、难以回溯。而偏向商业化的联盟链则可以利用分布式存储与智能合约来实现供应链参与方——从原料供应商到零售商的所有业务流程的信息上链,随时为被授权的参与方提供信息查询与回溯服务。

虽然区块链在供应链中应用广泛,但各领域内的供应业务交错复杂、种类多样,不可能为各个不同的供应链单独搭建信息追溯系统。因此,构建的追溯系统需要有一定的通用性,同时应考虑行业特点,对供应链追溯系统进行适当修改,满足边界条件,从而达到个性化要求。

区块链在物流领域的应用为解决行业痛点提供了新思路,对整个物流行业有着提质增效的显著作用,可进一步加快物流行业的智能化进程,推动物流行业升级。但对于区块链在物流相关领域的应用,也需要进一步研究与实践,进而满足相关领域的个性化需求与行业特性，同时应注意区块链的引入必然会给物流行业带来一些新问题，譬如，节点存储数据的增加所带来的数据处理分析效率问题；去中心化和透明化使物流信息愈加暴露而带来的信息安全问题等。

（二）区块链在物流领域的显著价值

总的来说，区块链在物流领域的应用具有显著的价值，主要表现在如下三个方面。

1. 保证货物安全

将区块链应用于物流领域，能够保证货物安全。将区块链的溯源机制和追踪机制嵌入现代物流体系，能破解传统物流领域存在的因缺少追踪、难以追踪和无法追踪而引起的货物丢失或变质的问题。

众所周知，物流是一个复杂的系统工程，如果某位客户的物流信息丢失，且无法对之进行有效的溯源，物流责任方就很难在庞大的货物中精准地找出需求对象。但区块链正在改变这种状况，人们通过在物流领域引入区块链，可以充分利用区块链的记账模式精准记录物流各环节的"状态"数据，包括时间、地点、负责人等信息，且这些信息无法被篡改，从而实现对长期积压货物的标识和追踪。这样一来，货物在整个物流环节的"状态"将会以可视化的方式呈现在销售方、需求方和物流方的平台上。这样既保证了货物的可追溯，又避免了货物丢失和货物信息被人篡改，还可减少因长期积压导致的损坏和过期问题。

2. 降低仓储成本

在物流领域，仓储作业是一项非常繁杂的工作，衔接着货物的"来龙去脉"，货物的需求端和发送端能否以最快的速度实现交易，最主要是看物流方的仓储效率和成本。效率过低，或者成本过高，都会导致物流系统瘫痪，进而导致需求方不再信任物流平台。

将区块链应用于物流领域，可以明显提高仓储环节的透明度，提高货物的仓储效率，降低仓储成本。在将区块链与物流仓储进行结合的过程中，工作人员可以借助区块链，并有效结合射频识别（RFID）、全球定位系统（GPS）、传感器

和条码等技术对物流仓储进行智能化管理，实现对出仓、入仓货物的有效实时监控，从而减少查找、识别及追踪货物的人力成本和时间成本[1]。同时，在仓储环节充分利用区块链技术，不仅可以增加整个流程的透明性，而且可保障仓储运营商在安全和受信任的环境下对货物进行保管与运输[2]。因此，如果能将区块链的技术优势很好地转移到物流仓储领域，就能够提高整个仓储环节的透明度和可信任度，并能最大限度地提高仓储效率，降低仓储成本。

简而言之，在物流仓储环节，利用区块链可以优化存储系统运作方式，实现可识别、可追踪和可溯源的物流仓储系统，不仅能在很大程度上节约存货、查找和取货的时间，而且能防止差错，便于清点和定点运输等方面的管理，从而使仓储环节的信息流和货物流在时空上保持高度一致，使工作人员及时、准确地掌握仓储实际情况，确保仓储物资的准确性和完整性，进而提高仓储服务效率，节约仓储成本。

3. 解决信用问题

2014年11月18日，国家发改委、交通运输部等7部门印发《关于我国物流业信用体系建设的指导意见》（以下简称《意见》）。《意见》包括充分认识物流业信用体系建设的重要意义、加强物流信用服务机构培育和监管、推进信用记录建设和共享、积极推动信用记录应用、构建守信激励和失信惩戒机制、建立完善物流信用法律法规和标准、加强企业诚信制度建设、积极推动形成行业诚信文化、大力推进政务诚信建设、充分发挥行业协会作用、开展专业物流领域信用建设试点、加强物流信用体系建设的组织协调12个部分。从《意见》的印发背景来看，主要是因为在物流行业崛起期间，有很多信用问题亟待解决，包括部分物流企业的失信行为影响顾客对整个物流行业诚信度的预期、失信成本过小造成失信行为增加、物流行业信用体系还不是很完善和发（收）货过程中的信用问题等[3]。而这些问题的长期存在，会对刚崛起的物流行业造成致命性的打击，所

---

[1] 李海波. 区块链视角下我国跨境电商问题解决对策[J]. 中国流通经济，2018，32（11）：41-48.

[2] 相峰，王志彬. 区块链与电商物流重塑[J]. 中国国情国力，2019（11）：9-12.

[3] 鲁建东. 物流园中存在的诚信问题探讨[J]. 物流科技，2007（4）：51-52.

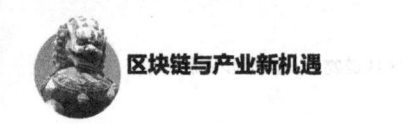

以国家对物流行业出台了信用建设方面的政策，以期使物流行业解决相关信用问题时能够有章可循。

当然，物流行业的信用问题可以依靠出台政策的方式进行解决，也可以依靠新兴技术进行突破和超越。云计算、大数据、物联网、人工智能和区块链的不断发展为解决物流行业的信用问题带来新的技术方案，尤其是区块链，作为解决诸多行业信用问题的"特效药"，深受各行各业的欢迎。

以电商物流行业为例，区块链作为一种分布式的账本，能够在非信任环境中提供去中心化信任机制，从而让多方参与者在没有中介机构的情况下进行安全交易。区块链将为解决电商物流业中广泛存在的信息泄露、信息孤岛、信息造假及跨境电商结算手续繁杂等问题带来突破。区块链将从根本上引发、驱动新一轮的信用革命，并促进互联网向价值互联网转变[①]。

从细分领域来看，区块链对于物流行业信用问题的解决，主要依赖它自身存在的加密算法、解密算法和时间戳等一系列技术信任机制。由于区块链是一个分布式的账本，物流的各参与方都能同时且透明地持有各交易环节的所有账本数据，且没有任何一个中介机构可以拥有这些账本的所有权，因此就没有人可以单独修改区块链中的物流账本。这使得区块链物流成为一个不可变的账本信息存储库，物流各方都可以独立地进行记账，却没有独立修改的权限，契约一旦签订便会自动执行，从而保证各自的合法权益。

四、解决方案：区块链在物流领域落地

（一）物流金融中的区块链解决方案

近年来，中国的物流市场发展迅猛，未来发展潜力惊人。中国物流与采购联合会、中商产业研究院整理的资料显示，我国物流行业规模与经济增长速度具有直接关系，虽然我国社会物流总额的增速减缓，但经济仍保持稳定增长趋势，仍在拉动着物流行业的刚性需求。数据显示，2019年我国社会物

---

① 相峰，王志彬. 区块链与电商物流重塑[J]. 中国国情国力，2019（11）：9-12.

流总额达到 298.0 万亿元，同比增长 5.9%，增速比 2018 年回落 0.5 个百分点。2020 年 1—7 月，我国社会物流总额为 149.7 万亿元，按可比价格计算，同比增长 0.5%[1]。随着越来越多的资金流涌入物流行业，整个物流行业的金融现象和金融问题开始受到人们的广泛关注，从而催生一个新的领域——物流金融。

物流金融（Logistics Finance）是指面向物流行业的运营过程，通过应用和开发各种金融产品，有效地组织和调剂物流领域货币资金的运动。这些资金运动包括发生在物流过程中的各种存款、贷款、投资、信托、租赁、抵押、贴现、保险、有价证券发行与交易，以及金融机构所办理的各类涉及物流行业的中间业务等[2]。物流金融又包括物流供应链金融、物流保险、物流贸易和跨境支付等。

既然是物流金融，其发展自然与物流行业的发展呈现强相关性。2018 年 9 月，国务院在发布的《物流业发展中长期规划（2014—2020 年）》中明确指出，引导银行业金融机构加大对物流企业的信贷支持，针对物流企业特点推动金融产品创新，推动发展新型融资方式，为物流业发展提供更便利的融资服务。

虽然物流金融已经受到国家政策层面的关注，但在整体上还存在发展不完善的问题，比如在物流金融制度、物流金融服务、中小企业融资等方面仍然存在一些不足，而且这些问题主要围绕信用的缺失问题而产生。换言之，一些物流金融领域的参与者信用不足，导致其在物流金融领域的活动空间非常有限。所以，如何用一种新兴技术解决物流金融领域的问题和扩大参与者的活动空间，已成为该领域的重大问题。据不完全统计，物流金融市场潜力非常大，大约有 70000 亿元的发展空间。因此，引入新兴技术以突破物流金融行业发展困局显得尤为必要。

引入区块链，可以有效解决物流金融行业的发展困局。以物流供应链金

---

[1] 东方财富网.2020 年中国物流市场现状及发展趋势预测分析[EB/OL].（2020-09-01）[2020-10-08]. https://baijiahao.baidu.com/s?id=1676615291881416138&wfr=spider&for=pc.

[2] 中国报告大厅.物流金融市场前景[EB/OL].（2018-08-07）[2020-10-08]. http://m.chinabgao.com/k/wuliu/37890.html.

融为例，其存在诸如交易的真实性难以保证、交易操作成本过高和市场覆盖面偏窄等问题，而区块链的应用发展为解决物流供应链金融领域的发展问题带来希望。在物流供应链金融领域，通过引入区块链，至少能够实现该行业两个应用场景的转换。

其一是提升中小微企业的信用等级。对于传统的物流金融行业，由于受诸多因素的限制，除了部分规模金融龙头企业，其他中小微企业的参与范围非常受限，但引入区块链之后，其能够逐层赋予各参与者等值的信用额度，使得不同的物流供应链金融参与者之间的信用共识机制的效用明显增强，不同参与者之间的信用互动，以及它们之间的信用相互证明工作变得非常简单，这在很大程度上缩短了信用检验时间，降低了人力成本。依靠区块链打造的物流供应链金融，可最大限度地从源头上解决中小微企业之间的信用缺失问题，拓展中小微企业在物流供应链金融体系中的话语权和发展空间。

其二是保证物流供应链金融领域交易信息的真实性。在传统的物流供应链金融交易中，存在交易双方获取的信息不及时、不对称或错误等问题，也就是存在信息失真问题，导致金融产品的交易受阻。而区块链的引入，以及相关区块链交易平台的搭建，使得物流供应链金融交易信息上链且不可篡改，对所有参与者而言都是透明公开的状态。在区块链上，只要有一笔交易上链，所有参与者都能在第一时间收到相关记账信息，从而从交易信息的及时性、准确性和对称性三个方面保证了物流供应链金融领域交易信息的真实性。而且，在加密技术、智能合约和共识机制的作用下，物流供应链金融领域的程序性工作完全可由机器在设定的时间点自动执行，从而降低人工记账造成失误的可能性。

总之，区块链可以使物流供应链金融行业各环节所有参与者的信息及时、准确和对称共享，保证信息的公平性、真实性和准确性。

（二）京东、阿里巴巴的区块链物流方案

在区块链物流领域，京东很早就开始了相关方面的探索。早在 2017 年，京东就已经联手原农业部、原国家质检总局、工信部等部门，运用区块链搭

建了"京东区块链防伪追溯平台",并与沃尔玛、IBM、清华大学电子商务交易技术国家工程实验室共同成立了中国首个安全食品区块链溯源联盟。2018年,京东物流正式加入全球区块链货运联盟,京东全链路跨境物流系统和京东Y事业部的区块链防伪平台也实现了相互打通。

"京东区块链防伪追溯平台"主要记录货物从原产地到消费者的全生命周期的重要数据,通过物联网和区块链,建立科技互信机制,保障数据的不可篡改性和隐私保护,实现全流程追溯,为货物的全程流通保驾护航。该平台能够帮助消费品行业建立全程信息防伪追溯,并满足企业多样化的数字分析及营销需求[1]。与此同时,京东在该平台上为全部商品嵌入了身份识别码,物流各环节的所有参与者若想知道某个商品的信息,只需要通过手机扫一扫商品二维码就能查阅该商品的产地、生产日期、生产商、有效期和产品批号等信息,方便快捷,并且安全可信(见图4-1)。

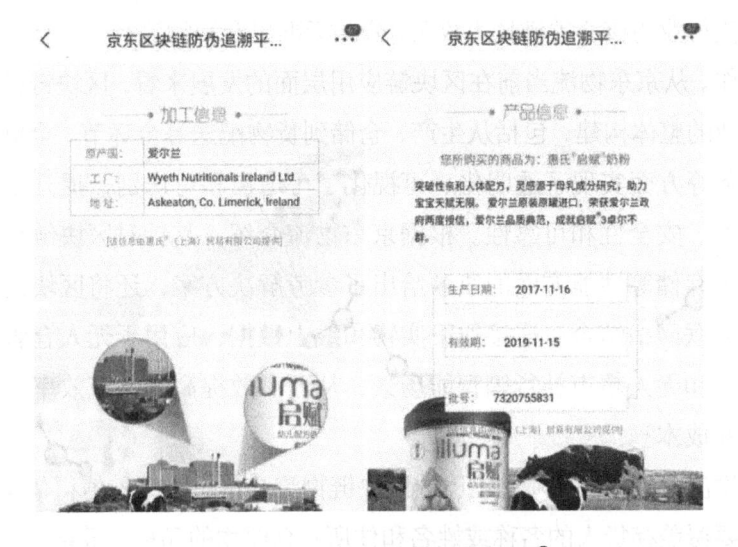

图4-1 京东区块链防伪追溯平台[2]

[1] 今日头条. 京东发布区块链防伪追溯平台、区块链存证平台及JD CHAIN[EB/OL]. (2018-12-10) [2020-10-08]. https://www.sohu.com/a/280757465_100233312.

[2] 百度. 京东区块链大规模应用,10亿件商品实现产地溯源,安全放心[EB/OL]. (2018-06-28) [2020-10-08]. https://baijiahao.baidu.com/s?id=1604527273650668542&wfr=spider&for=pc.

中国首个安全食品区块链溯源联盟的成立具有重要的价值与意义。该联盟主要与食品供应链的供应商和供应链的监管机构合作，共同研究和推出与食品供应链相关的标准及解决方案。随着时代的发展，人们对食品供应链有越来越强烈的安全渴望，想要参与那些被自身消费的食品的生产、加工和运输过程中，这就间接地要求提高整个供应链的开放程度，进而提高整个食品供应链的透明度和可接受监督的水平。而中国首个安全食品区块链溯源联盟旨在通过运用区块链加强对货物（食品）流通过程中的监督和追踪，在一定程度上满足了消费者渴望参与的需求，也直接或间接地提高了食品物流供应链的质量和水平，为提升食品物流供应链的安全性和可靠性做出了重要贡献。

2018年5月15日，由京东无界物流主导的国内首个"物流+区块链应用联盟"宣布成立，该联盟旨在联合国内、国外"两种资源"和"两个市场"，做好物流行业的核心关键技术攻关、公共标准出台和物流行业创新发展等方面的工作。从京东物流当前在区块链应用层面的发展来看，区块链已经在其物流行业的整体构建，包括从生产、仓储到货物配送等全环节、全链条的管理和服务等方面实现了透明化、可视化、可追溯和可识别，提升了全链条的协同性、安全性和可靠性。根据京东物流介绍，其针对区块链在共识算法、数据存储等性能方面的瓶颈给出了参考解决方案，还将区块链与人工智能、物联网相结合，连接线下实物和线上数据，应用于无人仓管理、无人车配送和无人超市补货等智能场景，从而有效提高了物流效率，降低了物流交易成本[①]。

在物流仓单模块，阿里巴巴的区块链物流仓单建设经验值得借鉴。物流仓单主要覆盖存货人的名称或姓名和住所；仓储物的品种、数量、质量、包装、件数和标记；仓储物的损耗标准；储存场所；储存期间；仓储费；仓储物已经办理保险的，其保险金额、期间及保险人的名称；填发人、填发地和填发日期等信息。仓单是提取仓储物的凭证。在引入新兴技术之前，物流仓

---

① 快科技.京东物流主导，国内首个"物流+区块链应用联盟"成立[EB/OL].（2018-05-16）[2020-10-08]. http://www.techweb.com.cn/news/2018-05-16/2665459.shtml.

单所采用的方式较为传统，这种模式通常会受到标准化、信息化、信息孤岛和数据造假等的影响，造成物流仓单的运营、管理和维护困难，降低物流仓储的效率和水平。因此，阿里巴巴从新兴技术中寻找相应的技术解决方案，以走出现实中存在的仓单困境。

阿里巴巴的物流仓单技术主要融合了区块链、物联网及人工智能等最新技术，对大宗商品等进行价值锚定，明确物权归属，将其转化为安全可靠、具备良好流动性的数字资产，助力构建以"区块链数字仓单"等凭证为载体的可信资产体系。在大宗商品仓单建设方面，阿里巴巴用区块链及物联网技术追踪记录大宗商品仓单的物流信息、库存信息、交易信息、融资信息等全周期数据，确保仓单数据真实有效且不可篡改，解决大宗商品行业因信息化发展不均衡导致的仓单数据流转不畅、仓单数据造假等行业问题。从阿里巴巴的物流仓单技术方案介绍来看，其旨在借助区块链从四个方面凸显阿里巴巴区块链数字仓单解决方案的优势（见表4-1）。

表4-1　阿里巴巴区块链数字仓单解决方案的优势

优势	说明
安全可信	构建仓单物流产业链各主体可信、实物可信、资产可信、流通可信、价值可信的五维信任体系
物权清晰	与第三方权威公示平台对接，明确物权归属，提高公信力
智能控货	搭载高准确率智能盘点算法，支持多类异常报警
行业实践	成功落地塑化仓单联盟、有色仓单联盟、石化仓单联盟等多个行业联盟

总的来说，阿里巴巴的物流仓单技术能够实现如下功能：通过智能合约驱动业务流转，仓单生成、流转、监控等实时上链，实现区块链仓单全生命周期可追溯；接入货物来源数据、贸易数据、发票数据、商检数据等，结合物联网实时数据，助力企业增信；向行业生态伙伴开放，利用模块化接口集成提升产品灵活度，实现多设备通用、多场景适配，快速接入一站式服务等。

综上所述，京东和阿里巴巴在物流领域的区块链应用解决方案能够在物流货物追踪与溯源、流程简化与优化、物流信息共享和物流仓单建设等领域发挥重要作用，其具体应用还不止于此，在物流征信与物流金融等方面皆有

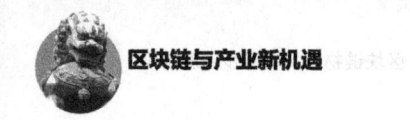

成功经验。总体来说，京东和阿里巴巴在物流领域的区块链应用不仅专注于研究区块链本身的发展，更关注发挥区块链在物流领域的作用，以及将区块链与物流服务进行融合。可以预见，区块链定能为物流行业的发展带来更大的福利和价值，整个物流服务对象也将从中获得更便捷、更优质的服务，物流行业也将因区块链和相关智能技术的发展迎来新的发展机遇。

第五章

区块链与新零售：颠覆与重塑的新力量

新零售是推动当前我国经济发展的重要行业之一，随着科技和时代的变化，尤其是移动互联网技术的发展，以及人民消费需求的不断提升，零售模式也在不断地"与时俱进"。零售的模式经历了从线下转移到线上，再到线上线下融合发展的阶段，零售的商业形态、运营结构等也经历了巨大的变化。与此同时，区块链是当前科技领域的前沿热点技术，凭借其先天的技术优势，有望成为新一代信息领域的基础设施，它与新零售的融合，也将成为传统零售企业蓬勃发展的助推剂。

一、"新"在何处：新零售的模式

新零售是指企业以互联网为依托，通过运用大数据、人工智能等技术手段，对商品的生产、流通与销售过程进行升级改造，并对线上服务、线下体验及现代物流进行深度融合。"简单来说，新零售就是以大数据为驱动，通过新科技的发展和用户体验的升级，改造零售业形态。"[1]新零售业态的基本核心是深度整合线上线下，并通过各项技术支持为消费者提供无缝链接服务。顾客

---

[1] 中研网. 什么是区块链？区块链技术如何运用在新零售中？[EB/OL]. （2019-07-15）[2021-03-13]. https://www.chinairn.com/hyzx/20190715/16191757.shtml.

可以在网上随时随地了解、挑选商品，也可以去实体店进行体验；线上与线下的二维联合服务既让商家卖得更方便，也让顾客买得更放心。这种新模式不仅有效提升了消费者的过程体验，还能为商品销售提供更广泛的零售渠道。从长远来看，各种各样的零售模式仍在不断演化，零售形态仍在进一步发展。

目前，比较流行的新零售模式主要有"零售+餐饮""零售+制造"等。我们先看"零售+餐饮"模式。例如，2020年，新冠肺炎疫情让大部分人"宅"在家里，给众多有线下门店业务的传统餐饮企业带来了挑战，而"预包装食品"反而成了不少企业转型的新出路。预包装食品可具体表现为预制菜、半成品等，在疫情的冲击下，众多餐饮企业开始通过新零售的形式售卖预包装食品。例如，谢谢妈妈炸鸡推出"宅家煮"系列产品；犟骨头推出"犟气熏骨头"产品；久如香推出麻辣小龙虾、热辣卤煮等产品。也就是说，在疫情防控期间，线上销售成了这些企业的利润点，家中体验成了大部分人的线下场景。

未来的零售不仅是货品销售场景，更应该是全场景的融合。不同于以往的纯零售，目前一些零售企业开始采用"零售+餐饮"的模式。以盒马鲜生为例，盒马鲜生是阿里巴巴对线下超市完全重构的新零售业态。它既是菜市场、超市，也是餐饮店。消费者只需要下载一个盒马App，即可在手机上直接下单，购买自己需要的食材，然后物流公司就会进行派送，整个派送过程最快可在30分钟内完成。盒马鲜生的供应链、销售、物流履约链路完全数字化。从商品到店、上架、拣货到打包、配送任务等各环节，作业人员都是通过智能设备来识别和作业的，简易高效，而且出错率极低。整个系统分为前台和后台，用户下单10分钟之内完成分拣打包，20分钟内实现3000米以内的配送，从而实现店仓一体。其便民、简洁又快速的服务深受百姓的喜爱，现在已经深入许多一线、二线城市，甚至三线城市。

我们再来看"零售+制造"模式。制造型零售的代表是德国零售商ALDI及日本的7-ELEVEn。传统的零售店基本都是销售别人的货品，赚取商品的差价。但是德国零售商ALDI及日本的7-ELEVEn在原有的基础上，逐步开始销售自己制造的物品。我们可以进店体验一下身边的7-ELEVEn，其自有品牌已经占到了六成以上。ALDI是折扣零售的代表，给消费者可选的商品并不是很多，但商品质量很好，自有品牌占到八成以上。

格力电器也在加速推进新零售模式。2020年9月28日晚，格力电器在山东省德州市举行"大德之州 中国风尚"全国巡回直播第四站活动，在四个多小时的直播过程中，格力电器共完成销售额22.2亿元。格力电器董事长兼总裁董明珠表示，格力电器有3万家门店，关乎上百万人的就业问题，如果格力电器直接走线上，把线下抛弃，会造成上百万人失业，会给社会稳定带来一定的风险隐患。格力电器希望通过直播"唤醒"经销商，使其改变过去的思维，跟上这个时代，真正打通线上与线下融合的"最后一公里"。在2020年新冠肺炎疫情的大背景下，家电行业线下门店经营遇冷，格力电器在困境中凭借自强精神探索新零售模式以适应新的环境。

"五芳斋"创始于1921年，是国家商务部认定的首批"中华老字号"，以"打造米制品行业的领导品牌，打造中式快餐连锁的著名品牌"为战略目标。2018年4月底，五芳斋天猫智慧门店（见图5-1）在浙江省嘉兴高速公路服务区开门迎客。在这家富有科技感的门店里，消费者可花1分钱领天猫新品、参与互动游戏抢红包，还可享受无感支付、免排队买单等新零售带来的新体验。经过天猫新零售团队改装过的老字号门店焕然一新，客流大增，完全不逊于附近的星巴克、麦当劳等品牌。

图5-1 五芳斋天猫智慧门店

从上面的几个例子来看，当前新零售行业主要有以下四个特点：首先，在商品零售过程中，新零售商扮演了整个行业链条中的组织与服务角色，不再是传统零售中的销售角色，从而形成了零售主体的角色转变。其次，传统零售行业的业态发展相对较为单一，而新零售行业能运用各种新兴技术，结合各类消费信息针对性地选择经营策略，从而让零售组织形成复合型、即时型的消费需求形态。这可以理解为零售组织形态的转变。再次，新零售行业打破了传统零售行业之间的买卖关系，将零售活动关系从"三分天下"变为"大一统"。最后，传统零售行业主要以供应商为起点，但新零售行业以消费者为起点。在这样的发展形势下，技术升级与消费升级成为新零售行业发展的必要条件。

在讨论新零售行业的发展时，我们还需要了解与其发展密切相关的消费特点。目前，消费呈现以下特点。一是人口老龄化。2019 年，我国的老龄化率已经达到 12.6%，离 14%的深度老龄化门槛越来越近。人口结构的变化会对消费行业、消费心理及消费偏好等形成影响。二是消费个性化。随着我国社会经济不断发展，人们多元化、个性化的消费需求不断增强，需要市场敏感性强的主体制定个性化的精准营销模式。三是商品品质化。当前人们生活质量不断提升，对于高品质商品的需求越来越大。四是消费移动化。随着我国网络信息技术的不断发展，移动互联网使人们的生活、学习、工作更便捷。就当前新零售行业的发展趋势来看，移动化、碎片化是其行业消费主体的关键特征。

二、优势在何处：区块链赋能新零售

从零售到新零售，零售行业经历多次蜕变，突破传统零售的供销模式，创新交易形式和规则，在一定程度上表明零售市场具备巨大的发展空间。在新时代，应支持商品市场从传统经营中转型，充分利用新一代信息技术的优势，大力发挥产业特色，从而推动新零售行业的发展。

区块链能够很好地适应并强化新零售的相关环节，其主要优势表现在如下几个方面。

一是增加客户忠诚度。区块链的分布式技术特征赋予其去中心化的权力，能够让用户作为一个节点来承担责任。一些专家表示，区块链的使用可能有助

于公司增加客户的忠诚度。奥林巴斯（Olympus）实验室的创始人兼首席执行官 Kai Chen 曾表示：类似的品牌之间可以建立一个忠诚度计划，在交叉营销机会、消费者见解数据分享方面都相互联系、相互收益。

在立体化、全方位商业世界中，为消费者提供便利是商家的终极目标。如果消费者不能便捷地进行交易，那么所有的营销活动都将显得没意义。但如今，在 50 多亿手机用户中，只有不到三成的人在使用具有支付能力的银行账户。一家区块链移动支付公司"TelCoin"和一家电信公司达成合作关系，目的是为那些没有银行账户的移动用户增加一个安全便捷的支付选择。这种合作关系不仅为众多客户提供了一种安全支付方法，而且为拥有类似客户群的公司提供了一个"合理利用区块链技术提高客户忠诚度"的例子。在"增加更多支付选择"和"更先进的激励计划"，以及"更全面的忠诚计划"和"更丰富的客户洞察"方面，区块链可能会给那些想要在其行业趋势中保持领先的零售商提供一个机会[1]。

二是有利于零售品溯源。假货是一个困扰全球零售商和消费者的难题，一些大型电商网站也会出现假冒产品。据经济合作与发展组织（OECD）和欧盟知识产权局的相关数据，每年假冒和盗版商品进口价值近五千亿美元，约占全球进口额的 2.5%，而在欧盟进口的产品中，假货占到 5%[2]。区块链作为一种分布式账本，让假冒伪劣变得异常困难。从供应商、制造商到物流商，其为每个产品清单来源添加可验证记录，这些应用让商品以假乱真变得更困难，也让原产地标注和产品安全追踪变得更容易。比如，区块链能够记录食品供应链流通中每个环节的产品的有效期，还能够用于确保特别产品如工艺品或明星表演的门票的真实性。总的来说，区块链技术可追踪和验证产品的整个生命周期，整个交易过程会更加透明，有助于建立商业诚信体系，构筑具有良好信誉的商业生态。

2018 年 3 月初，沃尔玛向美国专利局成功申请一项名叫"智能包裹"

---

[1] 搜狐网. 区块链技术或将彻底颠覆零售行业[EB/OL].（2018-07-13）[2021-03-17]. https://www.sohu.com/a/241007349_99988076.

[2] 搜狐网. 当年的互联网，现在的区块链[EB/OL].（2018-05-31）[2021-03-15]. https://www.sohu.com/a/233577433_100142187.

（Smart Package）的区块链专利，旨在利用该专利完善更智能的包裹交付追踪系统。这个专利还包含一个记录包裹信息（比如包裹内容、环境条件、位置信息等）的设备，以及一个基于区块链技术的无人机包裹寄送追踪系统，能实现包括卖家私人密钥地址、快递员私人密钥地址和买家私人密钥地址等一系列用于监管配送地址的加密技术。

在我国，近几年，京东一直在积极推进区块链的应用布局，加强商品溯源能力建设。目前，京东全球购借助区块链针对品质管控和售后服务方面出台了多项举措，其中包括采用京东区块链防伪追溯平台。

三是有利于数据整理及安全。借助人工智能、大数据、区块链等新型技术，可以再造一个零售行业。目前，零售行业的数据整体处于分散零乱的状态，零售商获取这些数据的成本非常高、难度非常大。区块链能够分析海量的新零售数据并制定相应的供应链优化策略，感知商品库存、商品结构等信息，从而形成一种新型采购模式，即"期货+现货"模式。这样能够有效降低商家库存量，有效保证消费需求。同时，利用区块链，还能为零售店铺选择、商品品牌效应提升提供数据支持。将区块链应用于新零售行业，在有效提高储存效率的同时，还能进一步降低记账成本，减少供应链上的浪费。在传统零售行业中，常出现因供应链问题影响消费者购物体验的情况，如产品缺货等。特别是涉及一些易腐蚀的产品或市场需求不稳定的食品时，往往会出现信息欺诈、食品浪费和损耗严重等现象。区块链能够对新零售行业的销量进行精准预测，有利于优化新零售商品供应链。

此外，区块链技术本身以哈希算法为基础，能够为所有链条中的数据区块提供有效保障。只要利用好区块链中信息资源的私密性特征，就可以让整个链条中的各连接节点得到有效控制，从而确保供应链和物流数据的真实性与安全性。供应链中每个环节的每条数据都会被记录，用于查询且无法篡改。

三、应用在何处：区块链在零售行业的应用

区块链技术受到众多的关注，其在零售行业的应用主要体现在物流、供应

链及交易等环节。

先看物流环节。线下零售场景的不断丰富对电商物流提出了更高要求[①]，倒逼相关主体加速改革。2018年，"全球区块链货运联盟"（BiTA）成立，这是一家全球化的区块链教育和标准开发行业组织，吸引了包括通用电气运输集团、京东物流在内的全球230多家公司加盟。在货运体系中，区块链的应用主要体现在：通过区块链技术的支持，对包裹进行追踪，并对包裹信息进行记录，方便人们对包裹的位置、所处环境等信息进行查询；利用卖家私人密钥地址、快递员私人密钥地址及买家私人密钥地址等信息对相关包裹进行有效监管，并对包裹的配送信息进行加密；消费者可以根据卖家及各个环节中的物流数据，对所消费的产品进行认证。区块链的应用能够防止对相关数据进行造假，避免出现买到假货的问题。

再看供应链环节。区块链使商品的生产、运输、通关、报检、第三方检验等信息全部得到加密确认，不仅不可更改，而且每个流程清晰可追踪、可监控。区块链在推动数字化之余，还能解决不同系统之间的信息孤岛问题，大大简化供应链环节的数据交换和作业流程。区块链技术为整个零售链条提供了非常庞大的账本数据库，不仅实现了对各项商品的溯源，而且优化了整个商品供应链，对供应链产生了很大的影响。"通过将商品相关信息打包上链，区块链会记录每件商品的真实生命轨迹，这对于构建商家与消费者之间良好的消费关系、形成良好的消费生态作用巨大。"[②]

最后看交易环节。区块链技术在商品供应商—零售商—消费者三者之间构建了一个固有结构，实现了商品从产地直接进入消费者的点对点交易模式，也就是采用"商品原产地（供应商）—交易平台（零售商）—终端消费者"固有结构，跨过"中间商"及中介平台，达成从产地到消费端的点对点交易。既然区块链能查询到商品从源头、制作，到出厂、销售的所有经历，那么生产商也能看到每件商品的流向，以及终端消费者的分布情况。从这个角度来说，生产商

[①] 人民网.人工智能和区块链赋能 新零售倒逼电商物流加速变革[EB/OL]．（2018-05-28）[2021-03-12]. http://finance.people.com.cn/n1/2018/0526/c1004-30015264.html.

[②] 网易网．区块链新零售：提升消费者体验度，降低企业的管理成本[EB/OL]．（2020-10-28）[2021-03-12]. https://www.163.com/dy/article/FQ1VCOES0531FYZH.html.

是不是完全可以精准又私密地直接抵达每位终端消费者？理论上，一切皆有可能。所谓产销直通，就是缩减消费者和生产者之间的信息距离，并让个性化定制、针对性服务变成可能。传统零售平台中心"几经周折"连接消费者，最后实现商品的交付，这种"百转千回"的传统零售平台很可能会被"直来直往"、自由公开、安全加密的区块链交易平台所接管。不过，谁也无法准确预计这一节点的时间。

四、不足在何处：新零售模式存在的主要问题

无论是产品还是服务，新零售的目的之一是赋能商业运行效率。如今，用户需求多元化、分散化，从"人找货"变成"场景找人"。这对平台商家的专业度和算法能力要求更高，供应链的控制只有更加精准高效，才能拉动商业体量的增长[①]。新零售发展的前景光明，但区块链在新零售行业的运用还存在一些不足。

一是线上线下融合的难度较高。采用线上线下融合的新零售模式涉及线上平台和线下实体商业两类经营主体。由于销售的特性不同，线上和线下的销售模式存在较大的差异。例如，两者在营销策略选择、商品布局、运营系统搭建、成本结构等方面都存在巨大差异。尤其是线下实体店通常可能会给线上平台分流，但相关的利益分配机制很难达成一致。在成本结构方面，租金成本是线下销售的重要支出，而物流成本则是线上平台的重要支出，两者成本结构存在很大差异。整体来看，作为完全独立的运营主体，线上线下在融合过程中容易出现渠道间价格、物流等方面的冲突。零售业实现线上线下的融合发展，需要解决数据、场景及交易等方面的问题，需要实现电商数据与线下数据的融合，这样才能形成一套具有较强融合力的体系。在诸多因素的影响下，当前选择网购的消费者并不能有效地享受实体店中的消费体验，只能在构建的虚拟环境中对商品质量进行判断。这样的消费体验相对较差，对电商发展产生了较大

---

① 央广网. 区块链、新零售："风口"上的思辨[EB/OL].（2018-04-18）[2021-03-12]. http://finance.cnr.cn/jjpl/20180418/t20180418_524203081.shtml.

影响。可开展线上线下智慧型衔接活动，为消费者构建一套新的零售场景；也可通过将不同类型的线下商业活动相结合，实现与线上零售的融合。

二是新零售领域的技术支撑还需要发展完善。新零售不仅涉及面向自助结算、智能试装、无人物流、AR/VR体验、室内定位导航等场景的消费体验技术，而且涉及在移动办公、无人值守、智能决策、精准调度等方面提高管理效率的技术，还涉及数据处理技术。其中，新零售数据处理技术尤为重要，如果全权委托技术公司来处理销售数据，那么零售商所拿到的数据的安全性就会降低。新零售的数据信息涉及相关商品、消费者、物流环节等，如何及时处理这些数据信息，并从中对商品物流过程进行优化，以及分析消费者的消费偏好等，成为当前新零售商急需解决的问题。虽然随着信息技术的发展，部分问题已经解决，但仍然存在数据保存、数据真实性核验等方面的难题。

三是新零售模式应用范围较小。总体来看，运用新零售模式的区域还比较局限，其在东部沿海城市发展较好，而在中西部地区的市场还未完全打开，这些地区仍以传统销售方式为主，还需要加强相关的宣传力度。此外，在新零售模式应用上，我们还需要关注消费者的素质问题。在新零售的"大旗"下，出现了许多无人零售店。这不仅展现了新零售模式的发展成果，也考验着消费者的素质。例如，曾经有媒体报道，无人超市里坐满了避暑的人，干净、整洁、清凉的环境让无人超市成了人们的"避暑山庄"，但这些人并没有购物意图，一定程度上影响了顾客来源，也影响了无人超市的形象。

五、路在何处：新零售未来的发展

首先，基于区块链的应用环节优化。区块链能够打通新零售中的所有环节，实现资源聚合。一是在物流体系的优化方面，物流企业与相关机构之间需要共享数据，简化相关手续。例如，对于进口商品，可以采用"身份证"管理机制，构建一套"企业负责、海关抽检、平台通关"的简化过程。通过这样的简化方式，能够制定有效的配送车辆通行机制，方便在夜间、恶劣天气等环境下进行配送。二是在供应链方面，需要汇集生产、运输、通关、报检、第三方检验等信息，构建新零售领域的信用机制，切实保障消费者权益。譬如，可以收集不同消费者的特征，并对具体数据进行分析，总结消费者的支付方式偏好、消费偏好、个性需要等。同时，将这些特征分别存储于点对点的加密区块链中，对消费者的信息数据进行有效保护。三是在多元化支付方面，为消费者提供多元化的线上线下支付方式，但必须针对支付风险制定有效的防范机制，利用先进的技术手段不断提升零售行业对支付风险的识别与防范能力。

其次，基于线上线下融合的政策引导。当前，不管是线上还是线下，都不能完全满足消费者的所有消费需求。如果将线上线下利益链条进行融合，为消费者提供各种信息媒介完全融合的全零售平台，不仅能够为消费者提供全天候购买服务，而且能够为消费者提供同质化及统一化的消费服务。利用区块链，能够为新零售行业构建一套适用性较强的线上与线下深度融合的联盟体系。这样才能让两者的利益目标保持一致，切实为消费者提供更加优质的服务。

同时，线上线下融合还应发挥政策引导的作用。一方面，可以构建专业性较强的同类线上平台，主要以整合各种同行业的分散平台为主，这样能够构建本行业的专业化平台，为相似度较高的线下零售企业搭建相关商品的合作通道。例如，地区生鲜农产品的合作能够让某个区域的农产品完成生态采摘后及时进入线上销售平台。另一方面，可以鼓励大企业引导中小企业，让具有实力的大型企业为中小企业提供相应的技术指导，提供一定程度的数据开放服务，从而形成资源共享的协同发展局面。当然，对于线上线下的融合，也需要加大新零售行业的宣传力度，不仅从"生产"的角度，而且应从"消费"的角度，从而提高消费者的素质，营造良好的购物环境。

最后，基于区块链技术的信息安全保障。2020 年 12 月，上市公司中网载线宣布区块链新零售管理服务平台 BIF（Blockchain Integrated Framework）正式进入白名单公测阶段。BIF 借助区块链的分布式数据存储、点对点传输、共识机制、加密算法等技术特点，有效与众多客户共同打造面向其需求场景的区块链技术解决方案。新零售模式主要将线上服务与线下体验相结合，大力发展互联网技术，解决一系列自助、定位、安全等相关的问题，并提高产品的售后服务质量。为了更好地发挥区块链的技术优势，可以将区块链下的交易信息交付给代理机构进行操作，从而使区块链网络交易不与消费者个人信息及消费行为

形成关联；可以为具体用户提供数据访问授权，并设置有效的金额安全私钥，防止数据信息在网络中传播；可以应用基于零知识证明算法的数字签名技术对整个链条中的所有节点开展有效验证，确保所有数据信息的安全；可以制定有效的流量信息数据传输机制，当在整个链条中发生交易时，进行供应链物流信息传输操作，确保与交易不相关的个人或组织无法对信息进行查询和修改，等等。

毫无疑问，区块链作为一种互联网底层技术，将深刻影响互联网的变革过程。在互联网已大幅度渗透到零售业变革的当下，区块链改变零售业的时间和进程，会比我们想象得更早、更快。

第六章

最可能的"独角兽"：区块链赋能金融

随着大数据、云计算等技术的迅猛发展，支付宝、微信钱包等金融支付手段越来越受大众的欢迎，并逐步成为一种新型的重要支付方式。如何利用新技术赋能金融，提升国家竞争力成为许多人思考的问题。目前，区块链作为一种新技术"东风正劲"，区块链在金融领域显示了"去中心化""风控优势"等价值意义，区块链金融的应用前景十分广阔。

一、初次接触：区块链与金融相融合

（一）从历史而来的金融

"金融"一词最早出现于明治维新后的日本，其本身与日本 1897 年确立的金本位有些许关联。20 世纪初，"金融"一词及其概念从日本传入中国。1902 年，时任财政部部长梁启超提出了中国实行金本位的提议，但张之洞提出了反对意见，最后梁启超的提议没有通过，所以当时中国一直实行银本位。

金融原意为"金钱融通"，指的是资金在市场上的流通，后经演化，"金融"一词又表示与货币、信用有关的交易和经济活动。作为一个外来词汇，"金融"得名其实还有另外的原因：黄金曾是买卖交易的唯一媒介；大多数时候，价值与财富是以黄金为依据和标准的，人们在制作标准金条时，需要将黄

金融化成型，这也许是"金融"一词的本意，即将金属融化。

我国对于金融的定义为：金融是指货币流通、信用活动及与之相联系的经济活动的总称。广义的金融泛指一切与信用货币的发行、保管、兑换、结算等融通有关的经济活动，包括金银的买卖；狭义的金融定义专指信用货币的融通。

现代金融业务包括货币的发行与回笼、存款的吸收与支出、贷款的发放与回收、金银与外汇的买卖、保险、信托、国内国际的货币结算、有价证券的发行与转让等。从事金融活动的机构主要有银行、信托投资公司、保险公司、证券公司、基金管理公司等。

（二）中国的金融体系

要全方位地了解金融的概念，除了解金融的含义和业务内容外，还需要了解中国的金融体系。中国传统的金融体系是以如下三个基本框架为基础的：依赖法律条文而存在的商业信任，也就是政策导向；由独立第三方作为信用中介来保障资产转移交易的实现；以集中式清算机构为中心，对完成的交易结算和清算进行处理。

基于以上三个基本框架，以下四个问题需要我们注意。一是诚信体系和信任机制问题。因为技术手段无法百分百确保双方交易的安全性，所以传统金融行业必须通过较为严谨的交易记录来显示信用，没有交易记录很难实现融资或贷款。二是完成交易结算的时间问题。虽然传统金融交易速度在不断提高，但结算时间仍比较长，尤其是跨境金融交易，往往需要耗费较长时间。三是中介服务成本过高的问题。传统金融交易体系主要收入来源是收取办理手续费或贷款利息，尤其在跨境交易中，交易双方需要付出汇率改变所引起的成本。四是交易安全性问题。传统金融人为参与环节多，导致人为错漏发生的概率更大。

我国金融机构其实一直在想方设法解决这些问题。例如，几年前，中国工商银行、招商银行就已经在探索大数据、人工智能及区块链在金融方面的应用，而且各大金融机构的危机意识也在逐渐增强。

（三）区块链金融的意义在何处

区块链金融的意义绝不只是分布式账本技术或容易引起人们"捆绑式联想"的法定数字货币，其主要意义在于改变了生产关系。在数字经济时代，很多产品将由实物转化为数字化的产品和服务。比如，我们以前从 ATM 取现金进行交易，而现在只要用手机输入一串数字就可以实现转账。区块链金融可以给经济发展带来更加数字化和便捷化的改变。加之世界经济具有全球化、虚拟化、社群化及共享经济的新特征，不断深化区块链在金融行业的应用，可以带来全球范围内生产关系的变化。

马克思主义认为，每个时代都必然需要有与当时生产力发展需求相适应的生产关系，所以互联网时代的生产力发展必然需要一个新的生产关系来适应其需求。区块链技术以去中心化的算法建立信任，这使它可在互联网时代改变生产关系。

随着区块链技术的加入，金融业务领域得到拓展，支付结算、财富管理等金融效率都得到了极大的提高，金融服务得到优化升级[1]。区块链金融在我国的起步较晚，相关的应用领域主要集中在社交金融、征信融资、电商支付、股权交割、时间戳和法定数字货币等方面[2]。

为了实现中国区块链金融的较快发展，给中国经济发展注入新的动力，2016 年 12 月 9 日，在贵州举行的普银区块链金融贵阳战略发布仪式上，来自五湖四海的区块链专家就区块链实现资产的数字化流通、区块链金融交易模式、区块链服务与社会公共产业的应用落地等议题展开探讨。此次大会标志着中国区块链金融落地应用的启动，也标志着金融生态的全新变革与发展。2018 年，区块链技术开始在中国落地应用，很多互联网金融公司相继推出了自己的区块链产品，区块链市场一度火爆。2019 年以来，国家相关部委对区块链行业加大了监管力度，发布了多条监管条例，倒逼区块链行业健康有序发展，区块链行业开始步入成熟发展轨道。中央政治局集体学习时对区块链提出"两大要

---

[1] 周昆平. 如何通过发展金融科技优化金融服务[J]. 银行家，2017（1）：116-117.
[2] 蔡恒进，郭震. 供应链金融服务新型框架探讨：区块链+大数据[J]. 理论探讨，2019（2）：94-101.

求""三大场景""三大保障"等要求；工信部开始推进成立区块链标准委；多部委协作清理行业内不规范现象等；各级党委网信部门部署区块链服务备案工作。在多重政策的持续发力下，区块链行业健康发展的轨迹已经逐渐清晰。

据悉，蚂蚁金服、腾讯、百度等公司都已经在"区块链+金融"领域有所布局，而且这些业界知名的公司已在 2020 年年初落地部署区块链。有分析人士称，支付和金融等业务将是区块链率先规模化部署的应用场景。表 6-1 列出了国内部分区块链金融落地应用项目。

表 6-1 国内部分区块链金融落地应用项目

实施者	项目
中国银行	区块链电子钱包
工商银行	数字票据交易平台
农业银行	e 链贷
建设银行	区块链银行保险业务平台
招商银行	招行直联支付区块链平台
民生银行	区块链云平台
中国邮储银行	资产托管业务系统
浙商银行	移动数字汇票平台
微众银行	基于联盟链的机构间对账平台、电子证据存管平台、FISCO BCOS 区块链底层开源平台
光大银行	多中心可信 POS 电子签购单系统
兴业银行	区块链防伪平台
赣州银行	票链
中国银联	基于区块链技术的 ATM 网络
华夏银行	星贝云链
平安	壹账链 FiMAX
百度金融	ABS 区块链产品、区块链云计算平台"BaaS"
蚂蚁金服	无感支付
苏宁金融	区块链国内信用证信息传输系统、区块链黑名单共享平台
斐讯	N1M、C8、白金奖励计划
比特易	定制化数据监控服务

业内人士认为，区块链在政务、金融和民生三大场景中有着广阔的应用空

间。例如，在金融领域，区块链可以有效解决中小企业贷款融资难、银行风控难、部门监管难等问题。

（四）新变化与新呼唤

从传统意义上讲，金融是指依托核心企业，以真实贸易为基础，通过自偿性贸易融资的方式，运用应收账款质押、货权质押等手段封闭资金流或控制物权，对上下游企业提供的综合性金融产品和服务。金融能够赋予实体经济极大的发展能量，在解决中小微企业生存困境问题方面尤其明显。当然，中小微企业由于存在经营风险较大、信用情况不佳、抵押物不足、生存周期较狭窄等先天性"疾病"，在享受金融服务方面缺乏优势，典型的表现便是融资渠道少、融资成本高。区块链技术的出现为帮助中小微企业走出融资困境提供了可行的办法。

随着新一代信息技术的迅速发展，并在金融交易市场更加放开、参与主体与融资渠道更为多元化、信息流转效率提高等背景的助力下，金融行业彰显与日俱增的发展活力。但是，目前金融行业仍存在一些困境。

一是信息不对称制约融资。一般情况下，只要有主要企业资质的信任承诺，企业与第一层供应商之间的应收账款就可以作为后者从金融机构融资的依据。但是，中小微企业的企业征信体系一般尚未健全，它们与金融机构间的信息不对称，与核心企业的供应商及经销商不存在直接商业合作，所以无法利用核心企业的资质承诺，进而难以得到金融机构的融资支持。

二是信用环境难以保证金融业务的安全性。由于金融交易中存在委托多方面管理、质押货值起伏、订单所有权转移等实际问题，融资企业篡改交易数据等负面现象不少，单在仓单质押场景中，伪造虚假仓单骗贷等一类的案件就时有发生，导致金融交易各环节的真实性与可靠性存疑，金融机构在融资业务中的控货主动权、数据可视化与风险标识等不可避免地受到挑战。

三是企业融资成本过高。供应商以应收账款质押获得短期资金来换取融资服务，不仅造成融资成本较高，而且占用了银行风险计量资本，很大程度上提高了杠杆率，进一步增加了融资成本。

此外，从目前发展的大环境看，随着互联网技术的飞速发展，传统"商业银行+核心企业"的模式已经逐步无法适应当前金融行业发展的需要，整个金融市场出现一些新变化，主要表现在以下几个方面。

一是金融行业有望实现真正的"四流合一"。所谓"四流合一"，指的是金融体系中商流、物流、资金流、信息流的协调和组合。众所周知，数据是金融业务有序开展的基础，当今世界，可以提供数据的主体早已不只是核心的金融企业，电商平台、物流公司和ERP（Enterprise Resource Planning，企业资源计划）厂商等都可以运作数据和提供数据，这是产业互联网化与信息化程度提升带来的必然结果。

二是融资途径多元化。传统融资大多选择商业银行，而现在融资租赁公司、商业保理公司、小额贷款公司、担保公司等新型金融实体不断成为融资的选择，不同的资金来源匹配了不同的业务模式，丰富多元的资金来源让金融行业的运行模式更加灵活。

三是覆盖的行业更广泛。信息化水平的不断提高及市场容量的不断增加，让企业之间的关系变得更加紧密，甚至行业之间的联系也大大增强。与之相对应，金融正在从一个围绕个别核心企业的行业转变成一个关系所有相关行业的产业生态圈，从而带来了更多的商机。

区块链的技术特点较为契合地适应了金融这一应用场景。金融的核心是信用问题，可以说，金融中的多种问题其实都与"信用"有关。区块链技术能够提供的，就是与传统金融行业不同的去中心化的信任机制，这正是用来解决当前金融行业发展问题最合适的技术。此外，"区块链+金融"更好地保障了金融行业的良好运行与资产交易的安全高效。区块链创造的分布式共享模式还可以开放共享信息，为相关产业链上下游企业提供更加高效和便捷的交易互助渠道。

二、赋能之处：营造金融产业新生态

（一）区块链金融的优势在何处

随着区块链技术在金融领域的应用越来越广泛，其在溯源安全、去平台化和风险控制等方面的优势越来越明显。

1. 溯源安全

区块链+金融最显著的特点是数据留痕、透明性高，且无法篡改。区块链+金融实质是以点对点方式将每笔交易数据按时序记录，且打包成一个数据区块，以便使用时被挖掘。由于区块链自动记录交易时间，记录无法逆转、公开，这使得每项通过区块链交易的记录都获得了安全性与信任保证。比如，投资人能够通过区块链技术知道每笔资金的流向，方便了解与监督，并及时调整策略、采取措施等。2020年1月9日，由广州市小额贷款行业协会及广州民间金融商会主办，经广东省地方金融监督管理局、广州市地方金融监督管理局等单位指导的"中小企业融资新途径专题论坛暨区块链征信共享平台宣讲会"成功在广州举办。在会上，迅雷链开放平台研发负责人介绍了该平台的技术架构及风险防范技术。迅雷链的区块链技术为搭建真实、安全、信任、共享的地方金融区块链平台提供了较为完善的解决方案。金融领域对自身各种平台的性能和数据隐私保护有着非常高的要求。迅雷链采用同构多链框架方式，能够达到每秒百万级的高并发处理能力，并借助隐私安全防护技术，通过加密算法，解决用户隐私保护和信息追溯需求之间的矛盾。

2. 去平台化

区块链金融能够实现去中介化与去平台化，区块链金融的每一次支付结算、数据管理等交易都会记入独立于"微信""支付宝""银行"等的第三方电子账本，以"去第三方""去中介化"的方式完成交易。金融资源可以在全球各地自由流通，没有隐形成本。现阶段该项技术尚在金融领域实验，主要是应用于支付结算等。可以预见，将区块链植入金融市场将会对当前资本市场的投融资模式产生巨大的改变。

3. 风险控制

借助区块链技术，可使包括账单流水信息、凭证信息及物流信息等在内的全部融资信息可控，不仅可以确保资金目的，并跟踪资金细目的流向，确定借

款人的信息真伪及其真实的经营状况，而且可以把控相关质押物，必要时及时处置质押物。这便将个别企业的不可控风险转变为整个行业的可控风险，在给资金方提供安全投资项目的同时，为上下游产业链企业提供盘活资金的需求。

通过区块链能够鉴别相对稳定的还款来源。比如，可设计一种操作模式，将信任企业的收入自动地导入授信银行的指定账户，进而归还授信或作为归还授信的保证。比较常见的应用产品如保付代理（又称托收保付，指卖方将其现在或将来的基于其与买方订立的货物销售/服务合同所产生的应收账款转让给保理商，由保理商向其提供资金融通、买方资信评估、销售账户管理、信用风险担保、账款催收等一系列服务的综合金融服务方式），其应收账款的回收按期回流到银行的保理专户中。当然，降低运行风险也是风险控制的一种表现。由于基于区块链的经营模式基本属于订单销售，真实性较高，经营或销售风险较低。

（二）区块链技术如何赋能金融领域

区块链技术能够解决信息不对称问题，实现金融"脱离媒介"，降低人力成本，提升金融服务质量，构建更有秩序感的金融生态环境等，从而有效为金融领域赋能。

1. 解决信息不对称问题

生产商、供应商、分销商及零售商等主体构成了一个产业链，但产业链的各流程及每个主体的数据较为分散且掌握在各主体手中，"信息孤岛"现象比较明显，主体之间无法实现数据的价值传递。信息不对称问题增加了系统内各主体之间的数据共享成本，增加了整个系统的协同难度，难以达到系统运行需要实现的效果。同时，存在不同意见的主体之间的部分重要信息举证和追责难度有所增加，甚至部分重要信息会被篡改等问题。因此，需要建立一个更加透明、安全的流程机制，以保证金融的安全、高效运转。而在区块链技术条件下，相关部门的所有数据都将在整个区块链系统集中、公开，各部门在检索和使用数据时，不必向每个节点收集数据，避免了相关部门的多次审查。另外，

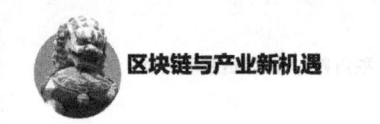

"时间戳"功能可以将每笔交易按照时间顺序进行记录，防止有关节点对数据进行篡改，可以建立透明性融资账本，有助于形成整体公开、透明、高效的运作团队。

2. 实现金融"脱离媒介"

传统金融是商业银行等金融机构开展的金融业务服务，其以主要信用企业为依托，为部分信用资质"不达标"的中小型企业提供金融服务。因此，商业银行等金融机构对金融的风险把控其实是核心企业对整个系统的风险把控，而核心企业作为单一的"记账人"，存在潜在道德风险，容易导致金融体系极不稳定。而在区块链技术的驱动下，金融将具有"去中心化"的特征，可建立全局相互信任机制，没有任何主体或节点可以单独记账，并且系统内的参与主体越多，其系统内的信任成本就越低。因此，区块链技术十分适合应用在金融领域。

3. 降低人力成本

当前，存货和预付款是融资的两种主要方式。无论哪种方式，都会耗费较多的人力成本。在传统融资方式中，体系内数据交易次数越多，交易节点越多，资金链也就越长，依靠的人力成本也就越大，最终势必导致体系运行效率低下。这样，不仅会增加商业银行的流程运行成本，还会增加融资企业的过程成本。而借助区块链技术，可通过智能合约等方式直接破解金融发展的"痛点"，显著提高金融系统的运作效率。智能合约作为数据形式的信任承诺，只要读取的信息符合约定的"标准"，就会主动排除各种干扰信息，及时匹配合约。比如，对于抵押品真实性的验证，或者抵押品转移状态的动态监管，区块链技术能够最大化减少金融机构的人工操作流程，实现智能化操作。因此，区块链具有简化金融业务流程、强化金融各主体之间的信任关系的作用。

4. 构建更有秩序感的金融生态环境

区块链技术能按照时间顺序，先后生成数据，并且通过加密技术确保各环节不可伪造、不可更改，确保区块链金融的安全性。因此，将金融系统建立在

区块链技术之上，将省去审查各金融参与主体的环节，简化程序，真正实现"金融去中介化"。这不仅能够帮助企业降低征信成本，而且能够帮助金融机构大大降低人力成本。同时，完全依靠大数据运算而运行的智能合约能够有效避免人为操作失误和道德风险，从技术上增强各参与方之间的信任。此外，区块链技术的时间戳及所有参与者都能记账并能监督的特点，将有助于降低金融风险，规范各经济参与者的行为，有利于构建更加有序和规范的金融生态环境。

三、应用探索：区块链实践之价值

"区块链+金融"的重大意义在于，它带来了生产关系的改变。通俗地讲，在应用区块链技术的互联网时代，越来越多的产品并不是实物状态的产品，而是化为数字符号的产品和服务。纸币的使用越来越少，数据化越来越成为重要的趋势。

（一）需要注意的"三个点"

1. 信用

金融的本质是信用中介。信用体系可以提高社会运行效率，减少不必要的劳动。有了信用，许多社会流程都会简化、优化，并且能够大幅度节省成本。但是，要了解某个人的信用，涉及的因素、维度比较多。在美国，92%的群体有属于自己的信用数据。这些信用数据大多来自他们的经济生活。个人信用制度构成了美国社会信用体系的基础。个人信用、个人评估、个人档案登记、个人风险预警等制度，构成了美国的信用制度体系。每个人都拥有的社会安全证（Social Security Number，SSN）是一个显著的信用特征，每个人的信用数据都记录在 SSN 上。任何人都可以通过 SSN 查到自己的信用资料，其他信用组织如银行等也可以查到某个人的信用记录，可以根据这些记录了解对这个人发放贷款是否有风险、风险有多大等。

我国的信用体系由政府主导，主要由中国人民银行掌握个人和企业的信用数据。各商业银行或企业如果需要查询某个人或某个企业的信用情况，需要查看由中国人民银行出具的征信报告。这份征信报告主要包括贷款人信用的使用情况、有无违约逾期还款、还款的次数等内容。当然，从时代发展的趋势来看，中国未来将发展多种征信中心：一是金融征信中心，以中国人民银行为代表；二是商业征信中心，以余额宝等为代表，它们不是严格意义上的征信中心，其信用依靠的是政府的监管和强大的资金支撑；三是行政征信中心，将政府的政务公开数据用于征信。

如今，中国的信用体系建设还不完善，覆盖面较窄。基于目前互联网大数据的发展趋势，中国社会的征信体系建设正呈现快马加鞭、开疆拓土的趋势。区块链由于其安全性、便捷性等特征，将在征信方面起到非常大的作用。

"区块链+金融"的一个重要问题是中国人民银行的货币发行权问题。中国人民银行是我国唯一官方的货币发行机构，货币量的流通影响国家对整个国民经济的宏观调控。无论是纸币还是数字货币都需要严格的管控，这样才能确保金融的稳定。区块链金融的发展不能触碰中国人民银行的货币发行权，这是一个底线。"区块链+金融"的另一个重要问题是信用问题，在不触碰中国人民银行的货币发行权的前提下，应保证交易的安全、效率和速度。区块链技术的实质是任何机构和个人都可采用基于互联网大数据的加密算法成为参与创设信任机制的节点，即具有无须中心授权的节点信任机制[①]。

2. 风险

按照常规分类，金融领域的风险包括系统性风险和非系统性风险两大类。系统性风险主要是指从事金融活动或交易所在的整个系统（涉及机构、市场、组织、个人等）发生剧烈波动，产生重大危机，或导致系统瘫痪，常常表现为整个、较大地区性的战争或骚乱，全球性或世界区域性的石油恐慌，国民经济严重衰退或不景气等。其中，单个或多个因素交叉作用，导致证券商品价格发生较大震荡。系统性风险断层面广，涉及面也广，以至于人们无法事先采取针

---

① DECKER C, WATTENHOFER R. Bitcoin transaction malleability and mtgox[J]. Springer International Publishing,2014,8713:313-326.

对性措施避免这些风险。非系统性风险主要来自某个企业内部的微观因素，是除系统性风险之外的偶然性风险，业内又称为残余风险。

在防止系统性风险方面，金融行业常常通过多次审计来控制其中的风险，通常会造成成本过高。随着各种监管法规的出现，金融管控门槛不断升高，反洗钱的范围也让监管的深度渐渐扩大，导致整个金融系统的监管成本越来越高。区块链能够通过防篡改和高透明的方式，以及去中心化的实时结算和清算来提高系统运行效率，从而降低整个金融系统的成本。防范区块链的内生风险很关键，防范外部金融风险至关重要，这决定了区块链金融能走多远。

3. 支付

电子支付可以说是区块链金融快速发展的重要机遇。电子支付之所以是金融领域发展最快的产品，是因为它不仅与商业紧密结合，而且与交易双方的意愿相关联。与商业紧密结合比较容易理解：有商业，必然有买卖；有买卖，必然有支付。与交易双方的意愿相关联可以这么理解：既然双方都愿意交易，那么支付必然要进行，否则交易的意愿就无法实现，而我们要考虑的是如何保证支付的边界与安全。

金融历史实际上就是支付的历史，现代银行的产生就是因为金融支付。目前，在现实生活中，很多互联网公司都涉及支付业务：谷歌推出谷歌钱包，苹果推出苹果支付；阿里巴巴推出支付宝，腾讯推出微信支付，华为推出华为支付。

支付之所以重要，不仅在于支付这一交易工具，还在于从支付过程中能够收集有价值的信息。通过支付可以了解消费者的习惯和爱好，实施精准推送信息。可以说，支付涵盖了两个意思：一个是大数据，另一个是支付手段。有了这两个基础，就可以提供更多的服务，如余额宝、美团外卖等。

假如个人或组织能够以较低的成本直接点对点交易，那么作为信任中介的银行和金融机构的作用就会逐渐减小。区块链技术的应用可"不让任何中间商赚取差价"。

（二）区块链在金融领域的应用场景

目前，引起公众广泛关注的区块链金融形态主要包括"区块链+货币""区块链+银行"等。"区块链+货币"即法定数字货币；"区块链+银行"主要指基于区块链所进行的价值转移即支付结算活动。根据区块链金融的形态，区块链在金融领域的应用场景主要体现在以下几个方面。

1. 数字货币

世界上很多国家的央行都对数字货币非常感兴趣。2020年7月17日，日本政府在内阁会议敲定的经济政策和财政运营基本方针——"骨太方针"中，写明就央行发行数字货币"将与各国携手进行讨论"。日本央行表示现阶段没有发行计划，但在2020年7月20日设立了"数字货币小组"，并表示有意启动实证试验。二十国集团（G20）事实上允许数字货币发行计划，并积极讨论防止恶意利用数字货币等的限制措施。2020年，七国集团（G7）决定就发行央行数字货币（CBDC）展开合作。G7此前也曾就限制美国脸书计划发行的Libra等展开讨论。

多年来，在电子支付方面，以瑞典为代表的北欧各国一直走在西方发达国家前列，尤其是瑞典一直倡导无现金社会的理念。2020年2月，瑞典央行在其网站上表示，其基于区块链技术的数字货币——电子克朗（E-Krona）已经开始测试，这使得该国距离创建全球首个央行区块链数字货币又近一步。按照瑞典当局的目标，使用电子克朗付款将像发送短信一样容易。瑞典央行表示，电子克朗应该简单易用，特别是满足安全性这一关键要求。为了保证金融体系的稳定，电子克朗将在"隔离测试环境"中模拟使用。在测试环境中，模拟用户为普通大众，他们能够在数字钱包中持有电子克朗，通过移动应用程序进行支付、存款和取款。模拟用户还能够通过智能手表等可穿戴设备进行支付。

中国人民银行也在积极推出数字货币。中国在移动支付领域遥遥领先于全球其他国家。据统计，在市场交易中，80%的交易是通过第三方支付平台完成的。早在2014年，中国人民银行开始研究和打造属于自己的数字货币DCEP（Digital Currency Electronic Payment）；2017年，中国人民银行成立了数字货币

研究所；2019年10月28日，中国人民银行数字货币DCEP正式被提出。2020年4月17日晚间，中国人民银行表示，数字人民币研发工作正在稳妥推进，先行在深圳、苏州、雄安、成都及未来的冬奥场景进行内部封闭试点测试，以不断优化和完善功能。2020年8月，新闻报道雄安新区麦当劳等公司试点数字货币，苏州的部分公务员领取工资采用数字货币形式。2020年10月，深圳市人民政府联合中国人民银行开展数字人民币红包试点。按照官方口径，目前数字人民币推出无时间表，但数字人民币支付体系在双层运营、M0替代、可控匿名等前提下，已基本完成系统设计，标准制定、功能研发、联调测试等工作也在开展[①]。可以说，对于数字货币，中国已是运筹良久。

2019年11月6日，中国人民银行发布消息称，中国人民银行数字货币研究所与香港贸易融资平台有限公司代表在香港签署《关于两地贸易金融平台合作备忘录》，旨在把中国人民银行贸易金融平台与香港"贸易联动"平台对接。这一合作将通过区块链技术打通两地市场，使贸易双方、融资与被融资方增加共信，并使两地资金更高效地流通。这也可以看作中国数字货币加快落地的一个重要措施。

2. 证券交易

在传统证券发行的过程中，中间人常常控制市场。比如，国内证券要在海外上市，首先要经过国内证监会审批同意，然后经过国外交易所审批同意，审核后在一级市场发行，在二级市场交易，烦琐漫长的流程往往造成发行成本剧增。而区块链技术的出现有可能促使全球的资产模式从先审核后发行变成先发行后审核，从而使得证券的发行省去不必要的中间环节。区块链技术通过"去中心化""点对点"交易，不仅能够大幅度减少发行、追踪及交易加密证券的成本，而且能够有效避免传统证券市场发生的操纵行为。基于区块链技术的去中心化交易体系，既具备传统交易系统的功能，又不依靠任何中心化组织或服务器运行，系统内所有的交易资产或产品可由遵守智能合约的人创建并交易。当然，这也不可避免地涉及监管问题。由于计算机及参与者可能散落在世界各

---

① 中国金融信息网.专家：纸币、中央银行的数字货币是一个长期共存和互补的过程[EB/OL]．（2020-11-11）[2020-11-28]. http://fintech.xinhua08.com/a/20201111/1963092.shtml.

角落，任何人可发行任何证券资产，使得司法管辖权难以界定；同时，不断扩充的"链"和数据，也让管理的难度越来越大。

3. 票据市场

区块链技术未来会成为票据市场的核心技术。首先，区块链技术能实现票据市场的点对点交易，直接实现价值的去中介化。其次，基于区块链的信息具有不可篡改性，使得"信用"被强制化，降低了市场风险。再次，区块链本身记录交易的相关信息，具有很强的溯源性，从根本上降低了核准成本。最后，对于场外股权、债券转让等其他非场内交易性金融资产，利用区块链的安全性、不可篡改性等特性，可进一步提高市场交易效率，使得整个交易流程更简洁明了。

4. 支付清算

区块链分布式记账特性衍生出的支付清算机制，在大幅度降低银行、交易所等金融机构管理成本的同时，可显著提高支付清算的效率。目前，金融业的支付清算需要以银行作为中介，交易要经过开户行、境内清算组织等机构，交易过程烦琐耗时。与此同时，每次交易须在本机构记录，核准须在多机构之间进行，交易效率进一步降低。区块链技术的介入将会打破这一局面，使交易双方不需要中介机构就能直接完成整个流程，即便系统中的某一节点出现瘫痪，整个系统依然能正常运转。基于区块链技术构建国际间通用的分布式银行间金融交易协议，可实现银行任意币种实时结算、银行跨境清算等金融结算服务。比如，2020 年 10 月，中国工商银行成功直联由国家外汇管理局主导搭建的跨境金融区块链服务平台，直联当天就为广东一家制造业企业申办的 2000 万美元的出口发票融资提供了报关单核验，提高了金融服务效率[1]。该平台以"出口应收账款融资核验服务"和"企业跨境信用信息授权查证服务"两个应用场景为切入点，运用区块链技术实现信息共享，助力解决中小企业跨境融资难问题，提升银行风控能力，推动金融高质量服务实体经济。

---

[1] 中国政府网.工行成功直联跨境金融区块链服务平台[EB/OL].（2020-10-16）[2020-11-17]. http://www.gov.cn/xinwen/2020-10/19/content_5552466.htm.

5. 客户识别

每个国家都会对金融机构严格监管，金融机构在为客户提供服务时必须履行客户识别（KYC）责任。在传统交易模式中，KYC流程极为烦琐，缺乏自动验明消费者身份的技术，从而影响效率。同时，在传统的金融体系中，对于不同机构间的用户，无法一直高效、准确地跟踪其交易记录和身份信息，使得监管机构的工作落实难以实现。针对这种情况，引入区块链技术，统一数字化身份信息，能在保护用户隐私的同时提高客户识别效率，并降低交易、监管等流程成本。

6. 知识产权保护

一些人的文学创作、创意，经网络发布后，或许会被其他人冠以自己的名号，继而获得经济利益。此时，如何证明自己是"第一作者"？如果引入区块链技术，将整个创作流程记录下来，就能再现当时的情景，为知识产权保护提供决定性的证据。提高对专利的保护，是社会发展和时代进步的必然趋势。在福布斯公布的全球布局区块链技术的50家上市大型公司排行榜中，金融类机构包揽前五名，从中能窥见区块链技术的潜力。全世界的各大金融业巨头纷纷向区块链技术抛出橄榄枝。金融机构加入区块链技术的专利战中，使得区块链技术的竞争更为激烈，谁占据了主导地位，谁就能获得最大的利益回报。

四、自我诊断：区块链金融的主要问题与解决思路

（一）区块链金融的"自查"问题

作为一种新兴技术，区块链现在逐渐应用到金融行业，服务于金融增信体系。业内人士认为，区块链金融是一个非常有潜力的市场。但是，通过"自查"发现，传统金融向区块链金融转型的过程中还存在许多挑战。

1. 市场基础设施和执行标准不完善

区块链现阶段仍然缺乏统一的技术标准，区块链的底层技术并不成熟，大

多数区块链平台还不能保证交易的安全性。目前，我国金融行业数字化水平还比较低，数字化系统如管理系统、企业资源计划系统等普及程度还不够。传统金融行业要想利用区块链系统整合交易信息，必须先提高整体的数字化水平。

就目前来看，居于产业上游的供应商和经销商数字化的难度较小，而下游企业的数字化是目前数字化的难点。在金融交易过程中，银行会要求需要融资的企业整合商业流、运输流和资金流等信息，但目前还无法做到全流程监视物流信息，此类业务的升级发展需要新兴技术的助力。同时，数字加密、电子存证、数字合同、数字印章等增信技术现阶段仍属于集中化系统设施，与基于区块链的数字票据系统有很多不兼容的地方。这样一来，全国形成统一的市场就会遭遇一定的阻力，交易摩擦也在一定程度上增加了。此外，现阶段区块链金融基础设施建设滞后。以金融票据交易为例，2009年我国开发了电子商业汇票系统（ECDS），2016年中国人民银行组织筹建了全国统一的票据交易平台"上海票据交易所"，标志着我国传统纸质票据向数字票据的转变。这一转变完善了票据结算功能，出票、委托收款、质押、贴现、承兑等环节的部分流转和支付职能得到了升级和拓展。但是，在票据融资方面仍有不足。主要表现为：一是缺乏全国性的交易市场，几乎没有统一的票据登记、交易、托管、查询和交割清算机构，票据市场的资产透明度、交易公平性和跨市场交易活动都受到较大影响，导致交易环节多、交易规模小、交易结构复杂，最终增加了交易成本，降低了交易效率；二是票据市场没有在金融交易中发挥应有的作用，由于缺乏对票据标准化特性的明确规定，在公开市场上流通的票据受到限制，投资者不愿意投资，与之对应的融资需求方的融资目的也不能很快达成。

2. 智能合约的安全性不足

目前，区块链金融实践方面缺少可靠的案例。区块链技术在金融行业的应用还存在技术瓶颈。前几年发生了以太坊自治组织The DAO众筹资金被劫持、Bitfinex交易所比特币被盗两件事，暴露了区块链现有技术结构上的重大漏洞。一项新技术在新的领域应用，不可避免地会面临新风险。所以，在金融领域应用区块链技术，必须对其技术进行安全性、可靠性的权威验证和认证，时刻注意防范技术垄断风险和技术性操作风险。经过数年的研究和实验，区块链

技术已经有了几项较为重大的研发进展，如"共识算法""加密算法""智能合约"等核心基础技术在金融行业的适配应用已经取得一些成果，但落实具体应用仍然为时尚早。业内人士预计，区块链核心基础技术要取得突破性进展，并在金融行业实现规模化应用，仍然需要1～3年的时间。智能合约由于其自身原因，安全性尚不能保证，业内影响较大的DAO安全漏洞和Parity多签名钱包安全漏洞，都是由智能合约的安全问题引起的，这些漏洞都曾导致巨额的财产损失。截至目前，仍然没有有效测试智能合约安全性的方案。此外，每条金融区块链闭环运行，相互之间不存在直接联系，交易数据对接存在重复成本，导致资金方的运营规模受到限制，当机构间的资金流动难以产生经济利益时，该区块链的存在也就失去了意义。

3. 区块链金融下的法律问题

将智能合约整体"搬移"到区块链上运行，把多方形成的合约嵌入程序中，直接由程序执行相应的事项，可在不外露隐私的同时，保证合约的公平性。智能合约能够自动化处理区块链上的合同执行、付款、法律义务等，因此智能合约可以通过区块链中不可更改的分布式账本技术实现信息追踪和合同自动化执行，从而降低交易成本、仲裁费用和执行成本等[1]。但是，智能合约不等同于法律层面的合同，前者不一定具有法律效力，我国现行合同法的规则和条件更加复杂，智能合约暂未能完整地显现合同法的规则，怎样将法律条规、审计等要求有机地与区块链技术进行融合，依然是区块链技术落地的难点。

我国金融行业相关法律表现出滞后性。票据方面，1996年实施、2004年修订的《中华人民共和国票据法》等法律法规在现阶段适用过程中存在一定的局限性，与国际上普遍适用的票据无因性原则相驳。其要求必须提供贸易背景证明，不允许使用单纯的融资性质的票据，导致票据的适用面变窄，融资性票据难以广泛发行。同时，数字票据电子签名的法律效力难以确认。按照《中华人民共和国票据法》第4条和第7条，我国现行法律法规不承认经过电子签名

---

[1] GUNNAR P. Smart contracts for smart supply chains[J]. IFAC Papers Online, 2019, 52(13):2501-2506.

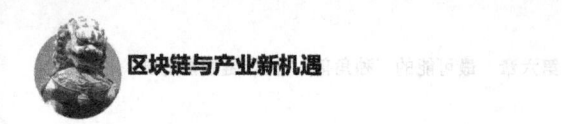

认证的非纸质电子票据,将票据要件严格限定在亲笔签名或签章条件上,削弱了数字票据的支付和结算功能。

除了以上"难点",区块链技术尚不成熟,大规模实用化还需要进一步的发展,其存在的技术风险还未完全被发现,若直接用于金融行业,或将为金融行业带来新的风险。还有运行成本的问题,区块链技术的门槛较高,前期需要投入大量研发资金,且平台的转变也可能使风险增加,部分金融机构应用区块链的意愿并不像人们想象的那么强烈。当然,还有一个重要的问题是缺乏兼具金融知识和区块链技术的专业人才。

(二)区块链金融的"药方"

如同任何技术一样,区块链技术也是一把"双刃剑",在给我们带来便利的同时,也会带来不利影响。"自发秩序既有无限正面效用,也难免会有负面影响,而这种负面影响是其'内部规则'(技术文明进化过程中自发形成的规则)难以消除的,有必要以'外部规则'(人为制定的、服务于统治目的的规则)予以规制。"[①]对于区块链金融存在的问题,相关部门和行业协会等已开出相应的"药方"。

1. 相关政府部门的思路

美国、欧盟、英国、日本等发达国家和地区发展区块链金融的时间较早,经验也较为丰富。因此,我国政府部门应密切关注这些国家的业界动态,学习它们的行业经验,借鉴其推动区块链发展的政策措施。结合我国区块链技术水平和应用发展现状,应重点支持关键技术攻关、系统解决方案研发和公共服务平台建设,及时对区块链技术和产业发展进行有效扶持,形成"政产学研用"协同创新机制,促进重点企业、科研院所、高校和区块链应用单位达成有效合作,加快智能合约、分布式账本、数字签名等核心关键技术的研究攻关。大力支持有条件的企业,特别是大型企业加大研发投入,争取建立全国区块链通用

---

① [英]弗里德利·希·冯·哈耶克.法律、立法与自由(第一卷)[M].邓正来,等,译.北京:中国大百科全书出版社,2000:52-78.

开发平台，降低行业整体进行区块链技术研发和应用的成本。同时，通过财政补贴、政策支持等手段加快人才培养体系建设。比如，支持重点高校设置区块链专业课程，鼓励重点企业和高校进行联合研究，推动"产教融合"，校企联合建设区块链人才实训基地，为区块链领域培养专业人才。

此外，政府有关部门应当实时掌握并密切关注区块链技术的发展动向，尽快建立并完善区块链产业监管规则和技术应用标准，完善区块链金融监管体制，建立长效监督和快速反应机制，防止区块链技术滥用及无限制生长给国家金融系统运行带来额外风险。

2. 行业案例和解决方案

我国部分核心企业、科技公司和金融机构早在区块链技术刚刚引入国内时就开始探索，建立了基于区块链的金融系统。它们分别从各自的需求出发，参考所在领域行业经验，探索区块链技术在自身金融需求中的应用。阿里巴巴、京东等公司大都自主研发了基于区块链的金融支付平台，以方便用户交易，增强产品服务的安全性。平安银行、中国农业银行等大型金融机构都开展了基于区块链技术的线上金融服务，如平安银行推出了应收账款服务平台，中国农业银行上线了涉农电商融资系统。丰收科技、易见天树、布比等业内知名的技术服务商致力于为上下游企业客户提供全面的金融解决方案，帮助企业搭建区块链金融系统。下面具体介绍几个案例。

易见天树成立于2017年9月27日，是易见管理股份有限公司的全资子公司。该公司致力于将物联网、区块链、人工智能等最新科技与企业业务场景相结合，在管理、智能仓储、金融等领域落地运转。易见天树从2016年开始关注区块链技术与金融行业相结合的行业动态，并结合公司业务需求提出了多链模式下的可追溯金融方案。易见天树提出两种设计模式：一是可信数据池，二是多链模式。可信数据池模式可以有效降低核心企业的数据泄露风险，为企业金融业务拓展扫清障碍。其核心设计理念：一是独立部署，核心企业拥有数据池的所有权，这可以保证企业数据掌控在企业控制范围内；二是数据隔离，该模式用不同的数据通道存储不同的供应商数据，可以从根源上防止不同供应商和企业客户的数据泄露问题；三是可控交互，任何客户想访问数据池中的数据都

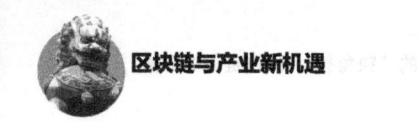

需要向核心企业申请授权，没有授权无法访问，从而保证核心企业对数据的"完全可控"；四是不可篡改且可溯备查，数据信息的任何调用都需要以操作人的访问证书数据作为电子签名，操作人的任何读写操作都会记录在对应的审计链日志上。易见天树在区块链解决方案设计时划分了两种链，分别是数据链和审计链。数据链用于保存数据，审计链用于记录操作人在数据链上进行的各种操作，包括写、读、授权等。多链模式将可溯源的金融链管理数据和区块链本身的数据分开，能够形成有效的监督和隐私保护机制。

平安银行是国内最早开始发展区块链金融的银行。2017年，平安银行在其保理云平台的基础上，上线"平安易贝"，为特定供销企业提供应收账款管理、交易业务。2017年年底，"平安易贝"更名为"应收账款服务平台"SAS平台。SAS平台为特定的核心企业上游的中小企业提供线上应收账款转让及管理服务，基于区块链技术的超级账本搭建全历史的信息记录和交互功能，能够自动实现应收账款质押、转让登记。SAS平台有三个设计亮点：一是应收账款多级流转时，SAS平台各参与方在交易过程中拥有独立的分布式账本，可以互相验证，同时能够保障核心企业的信用数据有效传递，保障应收账款多级流传安全便捷；二是标准化处理平台的规范资产，整合供应商的碎片化融资需求；三是平台与银行账户体系互联互通，都能对款项进行实时结算清分。

2010年1月2日，广州举行了广东省中小企业融资平台上线发布活动，活动现场成功发放了全国首笔线上无抵押区块链融资贷款。据现场报道，广东省中小企业融资平台已接入了来自26个政府部门的213类政府数据，全面采集了全省1100多万家企业信息，是全国第一个对全域范围内的中小企业进行商业信用分析评价的平台。该平台的上线标志着"广东模式"的诞生。"广东模式"以数字政府和金融改革的深度融合来解决中小企业融资难、融资贵、融资慢的问题，是全国最早出现的以政府为主导的地区性区块链金融融资模式。广东省中小企业融资平台结合广东省这一制造业大省、外贸大省、科技创新大省的优势特点，通过智能融资、智能直融等多个功能模块，发展区块链金融，支持先进制造行业的中小企业；通过鼓励贸易融资支持出口外贸型中小企业；通过推动知识产权融资支持科技创新型中小企业，综合打造一站式线上融资智能"生态圈"。据了解，广东省内的中国工商银行、中国建设银行、平安银行等100

多家金融机构已经成功接入广东省中小企业融资平台，上线了300多款金融产品，为破解中小企业融资难题提供了重要载体。广东省中小企业融资平台为优化广东省营商环境、助力实体经济发展做出了重要贡献。广东省中小企业融资平台也是粤港澳大湾区重要的地方金融基础设施，未来还将与香港区块链贸易融资平台和澳门贸易融资服务平台打通，整合成为大湾区贸易融资一体化平台，为粤港澳大湾区贸易和金融提供一体化服务。同时，广东省中小企业融资平台还将力争成为全国领先、具有标杆意义的数字化金融服务平台，为全国其他省份、城市群、贸易区提供参考经验。

五、未来之路：区块链与金融创新

区块链金融可以依托底层技术优势，创造新型业务模式、应用场景、产品运作流程甚至开发新产品。区块链与金融行业相结合，将对我国金融机构、金融市场及金融服务的提供方式等产生重大影响，传统金融行业重点领域的核心功能也会受到巨大的冲击。可以说，充分利用区块链等技术加速金融创新，是未来金融业发展的必由之路。

（一）重塑金融市场征信体系

目前，传统金融市场征信数据不完备也不完善，大部分金融机构不能对借款人的信用做出准确评判。区块链技术与方法的应用，可以为金融市场征信体系的重塑提供技术支持，让客户信用等级划分更加准确与合理。"不可篡改保证了对交易记录的可追溯性等，将解决供应链金融目前存在的信息更新得不到有效实施、'一贷多押'和'一押多贷'等信用风险及实时监控问题。"[1]区块链凭借其技术优势，可以从客户的潜在价值出发，精准地区分出风险客户和优质客户，设置客户信用黑名单与白名单。传统意义上的信用黑名单和白名单

---

[1] 郭菊娥，史金召，王智鑫. 基于第三方B2B平台的线上供应链金融模式演进与风险管理研究[J]. 商业经济与管理，2014（1）：13-22.

是指所有金融企业共享的一个巨大的客户信用数据中心系统。这种系统共享模式存在三个问题：一是由于数据是中心化存储的，各金融机构可以从数据源头对客户信用信息进行修改；二是无法有效控制数据汇总与更新速度，而且各金融机构之间存在访问权限限制；三是系统构建难度比较大。客户信用数据越积越多，则查询速度就会越来越慢。

区块链金融可以有效解决上述问题。第一，区块链技术一旦被应用，征信系统就可以通过公钥加密技术统一提交和复制客户信用数据，可最大限度地保证数据不被篡改。区块链中的信用数据采用的是一次性交易方式，且具有不可逆的优势，这就确保了数据源头可追查；查询数据时实行积分制，参与客户信用数据查询的机构每查询一次会减少若干查询积分；区块链技术可以使数据查询系统更具保密性，当区块链中的金融机构只想将数据开放给具有相应权限的网络节点时，不具有相关权限的机构是无法查询到这些信用数据的。第二，建立以区块链技术为依托的信用白名单。依托区块链技术的信用白名单与黑名单的原理方法类似，两者都可以采用去中心化、分布式信息存储与共享方式，可以保存所有交易信息，建设公开透明的数据库，并且借助密码学技术，通过白名单能尽量减少数据造假现象；区块链系统中的会员可以随时查询开放的客户信用记录；区块链系统采用的是点对点的查询方式，可以让系统中的成员精准、直观地查询潜在客户的信用状况。

（二）促进传统金融机构加速转型

在大数据金融时代，金融机构的核心资产还包括数据资料。只有具备从海量的数据资料中提取有价值的信息，再将信息转化成现代金融知识与规则的能力，传统金融机构才能成功转型。传统金融机构可以通过区块链技术对其掌握的金融数据从多种角度进行挖掘，从而展现金融数据的核心价值。2015年，我国开始推进"互联网+"战略，这给将区块链技术与大数据技术、传统金融行业相结合提供了利好背景，这三者结合相得益彰，可以推动传统金融机构实现转型。区块链金融具有分布式、自治、智能合约、可追溯等特性，这些特性可以最大限度地确保提供最准确的数据，以使大数据技术在金融领域成功应用。

区块链金融可以运用大数据技术提升系统的安全性。当前，区块链金融存在一些安全问题，特别是对于实时性、持续性数据的攻击防御不足，导致区块链金融的客户数据长期受到威胁。区块链金融一旦出现数据错误，将会导致不可逆交易产生严重的后果。以此可以借助大数据技术对信息数据的实时监控功能，有效降低发生区块链金融风险的概率。而作为一种新技术，区块链不可篡改的特征，恰好弥补了当前大数据技术存在的真实性与准确性不足的缺点。金融机构可以将数据进行哈希处理，并加上"时间戳"，存入区块链系统中，依靠其不可篡改特性，让区块链技术在存储方面发挥作用。

（三）推动消费领域的金融板块创新发展

互联网技术发展迅速，衍生出电子商务等网络消费产业，过去几年，网络消费产业成为发展最快的产业。智研咨询发布的网络消费数据显示，网络消费增速2011年为70.2%，2016年降到了30.7%，现行的货币流通渠道过于复杂是网络消费增速降低的主要原因。当今的消费结算过多依赖第三方平台，一次交易，货币要经转中国人民银行、金融机构、互联网金融从业机构等诸多单位，过程比较复杂。区块链技术的使用将有效改变网络消费产业的货币流通机制，缩短货币流通中转流程，提高金融运行效率。区块链系统中的货币流通规则与传统货币流通规则的本质不同。中国人民银行可通过全国范围的区块链系统直接掌握和控制货币供应量，直接监管国家货币系统的运行状况，通过区块链系统将大部分的资金注入国家货币供应系统并使其直接流入交易市场。而银行等金融机构只需要验证区块链系统的数据，增添新的区块链，通过一定的形式获取需要的资金，然后将需要投入的资金注入交易市场。区块链技术与金融行业相融合可以让货币注入交易市场的方式更为直接，省去中间的大部分过程；与此同时，银行等金融机构在交易过程中的地位将会降低。对于金融市场来说，这不仅是技术的升级与效率的提高，更是金融运行体系本质上的变革。

（四）加速互联网金融转型发展

将区块链技术应用于互联网金融领域，将带来以下三大改变。一是提高互联网金融从业机构资金业务的透明度。无论是监管机构还是投资人，对互联网

金融从业机构在资产管理、资金流向等方面的信息掌握极为有限，对这些机构是否具有营业资格、资产是否虚构、资金是否挪用等情况很难完全掌握。但是，运用区块链技术后，基于其信息共享功能，监管机构和投资人可以更加直观、透明地查看互联网金融从业机构的运营状况，从而可以保障监管机构行使监督职能，保护投资人的权益。二是减少互联网金融从业机构的风险控制成本。由于区块链的数据信息是不可篡改的，信息的真实性、准确性可以得到有效保证，还有助于及时公布互联网金融产品的风险信息。这样一来，金融产品的安全性得以增强，社会公众对互联网金融的信心也会得到提升。三是有效提高监管机构对互联网金融的监管效率。将互联网金融与区块链技术相结合后，监管机构可以参与进来，成为区块链上的一环，实时共享区块链网络的交易信息和客户数据，实时监测互联网金融的交易记录与资金流向，通过对各家机构的交易账本进行分析，准确掌握其实际运营状况，实现实时动态监管。

从某种意义上来讲，金融科技的本质就是以技术发展驱动金融创新。不过，科技是一把"双刃剑"，金融科技创新的结果也是一样，往往具有不确定性。新的金融科技既可能带来国家富强、社会发展和民生福祉，也可能引发新隐患和新矛盾。技术是中性的，本身没有好坏之分，其效用如何，带来的结果怎样，将取决于技术应用的领域、使用主体的心理及法律的完善程度。未来区块链技术在金融领域的应用，终究应当回归金融的本来目的：降低交易成本，提高交易效率，优化市场资源配置，增进社会整体福利。

第七章

区块链医疗：一站式个性化服务的转型

随着区块链的不断发展，与之相关的应用场景越来越多。区块链由于去中心化和不可篡改的特征，在不同的应用场景中都能最大限度地解决双方或多方的信任问题，深受各行各业的欢迎。无论是企业、政府还是私人机构，都在尝试将区块链引入办公系统，以期能够解决积压在行业内部的信任问题，尤其是医疗领域围绕信任问题产生的数据安全问题等。从已有的发展来看，区块链医疗的应用场景在国内外都已逐渐丰富起来，而其优势和价值也在其中得以体现。但区块链不是万能的，在其应用过程中仍然会出现新的问题，需要我们在高度重视其价值的同时，解决相应的问题，以期发挥其在医疗领域的最大作用。

一、区块链医疗：数据问题得到有效解决

在大数据、人工智能和区块链时代，作为核心生产要素之一的数据，已经不断地积累起来，成为行业大数据。在医疗领域，区块链之所以能与之结合，就是因为如今医疗行业的大数据已经形成，各种医疗数据化和信息化改革，正是规范医疗行业数据的举措。但从其规范现状来看，在引入区块链之前，医疗行业的数据问题较为突出，尤其是数据的存储溯源与共享问题。

医疗大数据存在格式不统一、行业信息孤岛、数据共享安全系数低和数据

灾备存储困难等问题，这些问题一直困扰着医疗行业的发展。但在引入区块链之后，这些问题得到了有效解决。尤其是对于医疗大数据的存储、溯源与共享问题，区块链能够发挥它的优势。

在医疗数据存储方面，区块链拥有与分布式存储机制相当的容错与容灾性能，同时参与区块链网络的节点之间并不需要互相信任，且其中所使用的密码体制与算法已经是在当前受到认可且足够安全的。因此，区块链在医疗记录存储领域具有良好的前景[①]。从存储的角度看，目前行业内主要有四类存储方式：桌面级存储、企业级存储、云存储和区块链存储。由于单个数据中心的可靠性遇到了瓶颈，因此就采用多个数据中心，通过区块链存储把数据存储到全球上千万个节点上，进一步提高数据的可靠性，实现商业意义上的绝对安全可靠。

区块链存储是指用区块链激励构建去中心化的存储系统，是区块链和存储系统的有效结合。区块链存储将全球的存储节点池化，构建了一个规模巨大的全球统一、全球共享的存储池[②]。回归到区块链医疗领域，对于联盟链或私有链内已有的医疗数据，都可采用区块链存储的方式，将链内的所有医疗数据存储在存储链的节点上，从而实现数据存储的高可靠性、可用性、容灾性和低成本。在不久的将来，随着 5G 网络的普及，5G 网络的高速率、低延迟特性将会辅助区块链提升节点运算性能，区块链存储在医疗领域的数据存储性能还将得到更进一步的提升。

在医疗数据溯源方面，基于已有的数据存储条件，区块链可以通过一定的溯源机制溯源任意想要的第一个区块。区块的结构分为区块头和区块体（见图 7-1），区块头包含对该区块的特征描述信息，有前一区块的哈希值、梅克尔树、区块数、时间戳、数字签名；区块体是加密密钥记录的医疗数据信息及操作日志。其中，区块文件中前一区块的哈希值可确保交易的医疗数据的唯一编码；梅克尔树能够总结并迅速归纳校验区块中全部医疗数据的树根数据；区块

[①] 张利华, 付东辉, 万源华. 基于区块链的医疗记录安全共享方案[J]. 华东交通大学学报, 2020, 37（5）：121-126.

[②] 中国经济网. 区块链存储四大优势不可不知[EB/OL].（2019-08-06）[2021-03-08]. https://baijiahao.baidu.com/s?id=1641071874747605300&wfr=spider&for=pc.

数表示该区块在整条区块链中的位置；时间戳是一份完整的可验证的时间证明，证明医疗数据存在或发生于哪个时间点；数字签名可以验证医疗数据的完整性，确保数据在传输过程中未被篡改及可追溯责任主体。区块体的医疗数据通过非对称加密算法的密钥加密存储，操作日志是区块体加密和解密使用医疗数据的记录信息[①]。换言之，基于区块链的医疗数据溯源，医疗监管方能够任意溯源不同时间节点的数据，对于医疗行业的监管具有极为重要的意义，当然也更有利于促进医疗行业的透明化发展。

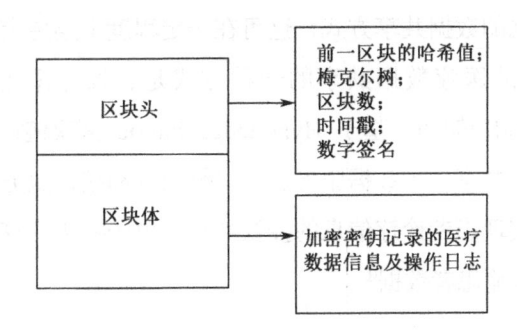

图 7-1 区块结构示意

2018 年成立于新加坡的 Wine Chain 公司，构建了全球首个基于区块链和物联网技术的红酒公有链去中心化溯源追溯体系，其借助区块链技术进行红酒产品溯源，每瓶红酒都有一个"身份证"，"身份证"上有红酒的生产原料名称、原料批次、成品批次、所属包装箱（ID 号码）及箱内对应的酒瓶 ID 码等信息，且人人都能查看。同理，在区块链医疗领域，何时、何地、何人做了什么事情，都会被一一记录下来，并且能像 Wine Chain 公司所构建的去中心化溯源追溯体系一样，溯源所有上链数据，从而最大限度地保证医疗区块链领域的行业透明度。该溯源体系尤其对区块链医疗中的药品溯源帮助非常大，可使药品的全生命周期都在医院、患者和监管方的溯源范围内，能够极大地提高药品的可溯源性和安全性。

在医疗数据共享方面，在将区块链应用于医疗领域之前，其数据共享主要

---

① 杨雨婷，陈敏. 基于区块链的医疗数据溯源系统设计[J]. 中国数字医学，2020，15（11）：57-60.

包括传统数据共享和中心化数据共享两种实现方式：前一种方式主要是指为了避免医疗数据泄露而采用完全不上网的方式共享基本医疗数据；后一种方式是指采用中心化的系统平台，以中介方为数据共享服务提供者，实现医疗大数据的共享。但两者都有弊端，前者的人力成本较高，而后者的隐私数据泄露的可能性较高，第三方只是数据共享服务的提供者，其很难保证数据共享过程的安全性。

为了降低原有医疗数据共享方式的风险，可引入区块链作为底层支撑技术，运用去中心化的数据共享方式，这可在一定程度上避免上述两种方案的弊端。基于区块链的医疗数据共享的一种方式是，通过采用浏览器/服务器（Brower/Server，B/S）架构，基于 Hyperledger Fabric 区块链技术，搭建包括用户管理、医疗信息共享、大数据服务、区块链服务和接口服务五个模块的医疗信息共享平台，实现患者诊疗信息的授权共享、电子病历共享，提供双向转诊功能，并可实时传输患者数据[①]。

二、应用场景：IBM、阿里巴巴与腾讯的区块链医疗实践

（一）IBM 的区块链医疗布局

2017 年，IBM 调查了医疗行业高管对将区块链应用于医疗行业的观点，将这些观点进行整合后发现，医疗行业高管普遍认为区块链能有效促进医疗数据共享，包括完善数据、降低数据安全风险和消除数据无法访问的情况等。在此基础上，IBM 发布了一份名为《医疗保健与区块链》的报告，在该报告中称国外医疗保健组织已经采用区块链技术，甚至比金融行业更为领先。该报告显示，区块链能在临床试验记录、监管合规性和医疗/健康监控记录领域发挥巨大价值，在健康管理、医疗设备数据记录、药物治疗、计费和理赔、不良事件安

---

① 刘震，王文桥. 基于区块链的医疗信息共享平台设计与实现[J]. 医疗卫生装备，2020，41（8）：36-39.

全性、医疗资产管理、医疗合同管理等方面发挥专长[①]。

与此同时，在《医疗保健与区块链》这份报告中，IBM还直接公布了投资人对区块链医疗领域看好的各投资方向的占比数据（见图7-2），医疗/健康记录、计费和理赔管理两个领域的占比高达94%，表明区块链在这两个领域的价值最被投资人看好；合同管理、资产管理和医疗设备数据整合这三个领域的占比，分别为90%、91%和92%；不良事件安全性监测、监管合规性、临床试验记录和用药/治疗依从性四个领域的占比分别为86%、87%、88%和89%。从这些数据来看，区块链在医疗行业的应用备受投资者看好。由此看来，资本市场对于区块链医疗行业的青睐，只是时间问题了。

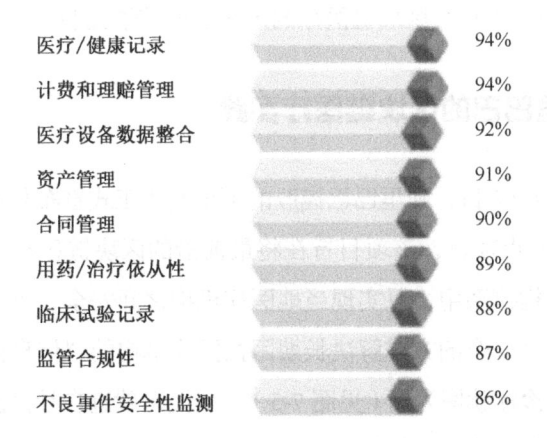

投资方向	占比
医疗/健康记录	94%
计费和理赔管理	94%
医疗设备数据整合	92%
资产管理	91%
合同管理	90%
用药/治疗依从性	89%
临床试验记录	88%
监管合规性	87%
不良事件安全性监测	86%

图7-2 投资人对区块链医疗领域看好的各投资方向占比数据

在区块链医疗投资领域，早在2017年年初，IBM Watson Health就已开始与美国食品药品监督管理局（FDA）合作，共同研究使用区块链技术共享健康数据，以改善公共健康状况。据Coindesk报道，IBM Watson Health与美国安泰保险金融集团（Aetna）和PNC金融服务集团等医疗机构合作，探索利用区块链处理敏感医疗数据，以期与医疗保健领域的主要参与者合作，改进敏感数据的共享方式，并使医疗保健索赔和交易更加高效——所有这些都将以"基于区块链的生态系统"的形式进行。IBM Watson Health的付款方总经理Barbara Hayes

---

① 健康界.IBM：2020年全球一半医院将应用区块链技术[EB/OL].（2018-03-07）[2021-03-04]. https://www.cn-healthcare.com/articlewm/20180307/content-1023057.html.

反映，改变医疗等行业意味着利用数据进行洞察和高级预测，消除浪费或效率低下。她说，"在医疗保健领域，这些效率低下的问题存在于临床领域和管理领域，导致糟糕的客户体验。"[1]

当然，看到区块链医疗市场前景的不止 IBM 一家公司，在其进军区块链医疗领域之后，与之竞争的企业还有很多。例如，在"利用区块链的不可变性和透明性来支持孤立与分散的医疗保健行业"方面，区块链医疗领域的其他知名品牌包括独立医疗保健技术平台 Change Healthcare、区块链医疗保健公司 Hashed Health、爱沙尼亚安全软件公司 Guardtime 和新英格兰的区块链公司 SimplyVital Health 等，这些都是 IBM 的竞争对手，且这些竞争对手还可能联手与 IBM 竞争。由此可见，区块链医疗的未来发展前景光明。

（二）阿里巴巴的区块链医疗实践

2017 年 8 月 17 日，阿里巴巴控股的阿里健康正式宣布与常州市合作启动医联体+区块链试点项目，该项目旨在将最前沿的区块链科技应用于常州市医联体底层技术架构体系中，以实现当地医疗机构之间安全、可控的数据互联互通，用低成本、高安全的方式解决长期困扰医疗机构的"信息孤岛"和数据安全问题。以分级诊疗就医为例（见图 7-3）：居民可就近在社区医院体检，社区医生通过分析区块链上的体检报告，筛查心脑血管慢性病高危患者，需转诊的患者可以由社区医生通过区块链实现病历向上级医院的授权和流转，而上级医院的医生在被授权后可迅速了解病人的过往病史和体检信息，病人不需要重复做不必要的二次基础检查，即可享受医联体内各级医生的"管家式"全程医疗服务，从而实现早发现、早诊疗[2]。

---

[1] 搜狐. IBM 与医疗领域主要参与者合作，实现 1 亿个健康计划[EB/OL]. （2019-01-25）[2021-03-05]. https://www.sohu.com/a/291435244_100203970.

[2] 环球网. 阿里健康携常州医联体：国内首个医疗"区块链"落地[EB/OL]. （2017-08-17）[2021-03-05]. https://tech.huanqiu.com/article/9CaKrnK4Kut.

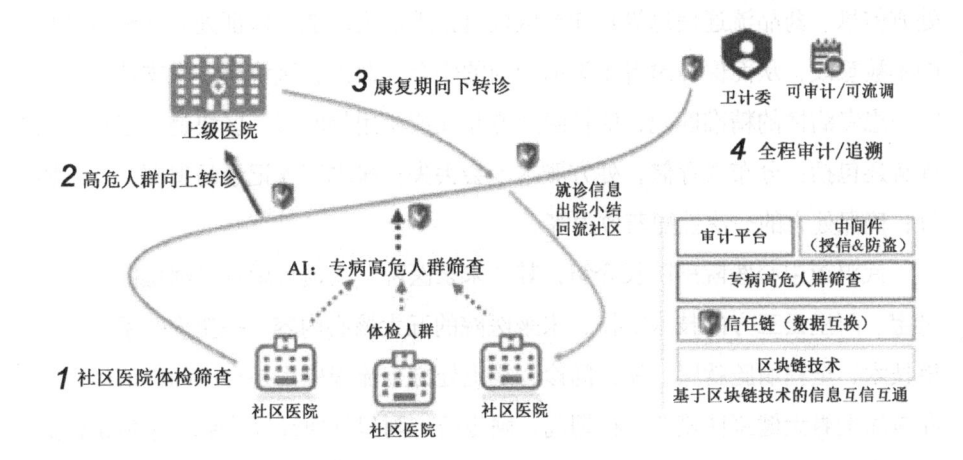

第七章　区块链医疗：一站式个性化服务的转型

图 7-3　分级诊疗就医示意

从国内的区块链医疗发展现状来看，常州市的医联体+区块链试点项目是中国第一个基于医疗场景实施的区块链应用，具有非常重要的开创意义。常州市郑陆镇卫生院院长反馈，之前天宁区没有区域卫生信息平台，每家医疗机构的庞大信息都需要分散传送到市医疗机构信息平台。但是各医疗机构之间并不互通，很多业务诉求都没法实现。同时，怎么保证个人健康信息在流通存储中的安全，也是现有平台的难题。但自从引入阿里健康的区块链技术之后，利用现有的 IT 设备和系统将信息串联在一起，接入成本低，安全性却更高；用上区块链后，卫生院和区医院间从信息孤岛变为互联互通，老百姓也能享受便利。也就是说，该项目已证实区块链医疗的有效性和便利性。在常州市医疗系统中引入区块链后，老百姓能从中享受到便利，这是最令人振奋的地方。

目前，阿里云的电子处方医疗解决方案也成功落地。2019 年 4 月 8 日，在首届世界大健康博览会举行期间，阿里云宣布其联合支付宝共同研发的区块链医疗解决方案已经正式应用于武汉市中心医院的电子处方上，武汉市中心医院成为首家应用该技术方案的"未来医院"[1]。该区块链医疗解决方案基于阿里云区块链服务（BaaS）和支付宝的蚂蚁区块链技术，能够打通医院开具处方、药师审方、药品配送、药品支付、流程监管等多个环节。在未来，患者信息、

---

[1] 证券时报网. 阿里云支付宝联手研发 区块链医疗解决方案落地应用[EB/OL]. (2019-04-09) [2021-03-05]. http://kuaixun.stcn.com/2019/0409/14995288.shtml.

处方信息、药品流通信息等将通过区块链技术加密脱敏，保证处方在流转过程中不被篡改，从而保障患者多渠道购药的安全。此外，区块链技术支持电子处方与患者病情的精准匹配，能杜绝处方修改或滥用等问题。区块链电子处方的优势还包括：分布式存储，处方账本不会丢失；账本写入记录易追溯，便于监管；确保处方的一次性配药效力等。

武汉市中心医院副院长介绍，其"未来医院"的项目融合了阿里健康、支付宝、阿里云三方的技术支持，未来医院的五大核心内容——就诊助手、区块链技术、全程刷脸就医、视频问诊、线上处方全流程应用是合作的价值体现。在首届世界大健康博览会举行期间，阿里云、阿里健康还联合展示了免携带病历及身份证的刷脸就医、慢性病在线视频复诊和药品配送服务等数字医疗场景。未来，这些技术将在医疗机构逐步落地，改善民众的医疗就诊体验[①]。

从阿里巴巴的区块链医疗实践来看，目前国内区块链医疗的发展已经起步，并在部分领域积累了一定的经验，无论是阿里健康还是阿里云的区块链医疗项目，都显示区块链在医疗领域的价值已经变成了现实。区块链在医疗领域的应用，不仅有利于促进数据共享和保障数据安全，而且可以提高医疗系统的运行效率和运行质量，为老百姓看病就医提供最直接的便利。所以，未来的区块链医疗非常值得期待。

（三）腾讯的区块链医疗实践

早在 2017 年 12 月 19 日，腾讯就与广东有贝、华夏银行达成战略合作协议，以腾讯区块链技术为底层技术打造供应链金融服务平台"星贝云链"，这是国内首家与银行战略合作共建的基于区块链的供应链金融平台，也是国内首个基于大健康产业构建的供应链金融平台。在腾讯与有贝的合作中，腾讯看好有贝这个平台的大健康战略[②]，这是腾讯试图将区块链技术切入医药供应链领

---

① 驱动之家. 阿里云、支付宝共同研发区块链医疗解决方案落地应用[EB/OL]. （2019-04-08）[2021-03-05]. https://tech.huanqiu.com/article/9CaKrnKjCs3.

② 深圳晚报."星贝云链"携手腾讯、华夏银行竞入供应链金融[EB/OL]. （2017-12-21）[2021-03-07]. http://app.myzaker.com/news/article.php?pk=5a3b79ba1bc8e0b47f0002cd.

域的重要尝试，为其后续在区块链医疗领域开疆拓土奠定了一定的条件。

2018年4月12日，腾讯CEO马化腾表示，腾讯区块链（TrustSQL）将落地医疗领域，助力实现医疗电子处方不被篡改。尤其值得关注的是，其将尝试使用区块链技术实现处方的不可篡改，解决医疗信息多环节的信任问题。在腾讯区块链医疗电子处方项目上，最先与之达成协议的是广西柳州市，其将微信的医院预约服务和支付功能嵌入当地医院，实现了全国第一次"院外处方流通"服务。目前，该项服务技术正在向全国推广。

据悉，腾讯区块链医疗处方流转解决方案是在药品零加成政策背景下，基于腾讯实名、支付、区块链等核心技术能力，连接医院、药企，实现电子处方的安全流转、全流程可追溯，助力医药分离，帮助降低药房运营成本，提高医院盈利水平。柳州市工人医院院长在一个智慧医院论坛上阐述了腾讯区块链医疗处方流转应用实例。柳州市工人医院与腾讯公司、柳州医药公司达成战略合作关系，共同建设柳州市工人医院互联网医院（iHospital），在国内首次打造基于微信公众号的"院内处方流转院外药房"，成立"人工智能医学联合实验室"，进行深度创新服务探索。自2017年7月起，前往柳州市工人医院就诊的病患，只需要关注柳州市工人医院互联网医院公众号，并完成实名认证，就能实现预约挂号、全流程缴费、检查预约、报告查询、在线咨询等便民医疗服务。患者除了可以通过微信获得贯穿就医全流程的医疗服务，还可以借助实名支付及区块链技术，链接医院、流通药企及用户，实现在院外合作药店取药或药店将药品配送到家，大大方便了患者就诊[①]。

从目前来看，腾讯区块链在医疗领域的应用已经趋于完善。根据报道，腾讯区块链医疗已经逐渐形成一个较为完整的体系，并统一划入"智慧医院3.0"平台。该平台主要依托区块链技术为医院、制药商和监管方建立私有链，把所有知情方全部纳入区块链，实现实时链上监管，并只对链内成员有条件开放，为保障数据、隐私安全和实现链上数据防篡改提供了现实技术条件。

在当前的医疗环境下，信任危机、隐私泄露和理赔烦琐等问题，一直困扰

---

① 牛顿区块链.趋势 | 腾讯为区块链+医疗开"处方"区块链技术重塑医疗行业[EB/OL]. （2018-06-01）[2021-03-07]. https://www.sohu.com/a/233664362_100150022.

着医疗行业的变革与发展，而区块链作为"价值互联网"和"信任机器"的重要支撑技术，的确对解决医疗行业的相关问题有重要作用。对于医疗行业而言，区块链不仅能够解决行业信任、数据安全和理赔等问题，而且能够在节约医疗资源、优化医疗流程、提高医疗效率和质量等方面大放异彩。相信在众多公司的不懈努力下，区块链医疗的价值能得到更深层次的挖掘，以期造福更多患者。

三、问题与对策：区块链医疗的挑战与未来之路

（一）区块链医疗的挑战

1. 数据化和标准化较为困难

一方面，医疗领域的数据量非常庞大，要想对各种各样的数据进行标准化的收集和运用非常困难。从目前来看，原有的医疗数据采集平台存在一些固有的问题，比如数据收集缺乏统一标准、数据容易遭到安全威胁、患者数据画像不清晰和数据价值等级划分不清晰等，这些问题一直困扰着医疗领域的数据化、信息化和智能化建设进程。在宏观角度来看，我国属于人口大国，医疗卫生信息庞大，数据收集归纳程序复杂，推广较为困难，同时我国医疗卫生资源还存在地域性差异，落后区域的数据收集更成问题[1]。在我国现存的医疗卫生模式下，数据采集仍侧重于患者检查报告等数据，而对患者其他数据信息的等级分类仍处于模糊状态，如患者的用药频次、用药类别及用药剂量等数据分级不明确，而且每个医疗机构都有自己的评判标准和治疗体系，未能达成统一[2]。另外，由于每个医疗机构都有自己单独的标准和体系，在区块链医疗的联盟链和私有链建成之前，最先受到阻碍的是数据的融合问题。要对不同标准和体系

---

[1] 周平，唐晓丹. 区块链标准化现状及发展趋势研究[J]. 信息技术与标准化，2017（3）：18-21.

[2] 贺永超，贾喜珍. 区块链技术在医疗卫生行业的应用价值[J]. 华西医学，2020，35（12）：1531-1534.

背景下的数据进行融合，需要重新对这些数据进行清洗，这需要很长一段时间。甚至在尝试进行融合谈判之时，数据化和标准化的问题很可能会成为区块链医疗机构建立联盟链和私有链的绊脚石。众所周知，对于现实中的医院，每个医院都有自己的设备、方法和参考标准，对其进行融合需要长时间的磨合。

2. 技术鸿沟阻碍发展速度

首先，不同地域的医疗发展水平差异较为明显，造成各地医疗机构的技术化进程存在明显差异，同时地域的差异、各种管辖权益的矛盾纠纷，都会阻碍区块链医疗在全国的发展速度和进程。比如，广州某公立医院的区块链医疗改造经验，对于西部地区的医院改造的指导意义不是很明显，因为两者在数据化、信息化和智能化等方面存在明显差异。其次，由于患者分不同年龄层，他们对于区块链的接受程度不同，尤其是老年人群体，其在原有的数字化条件下看病就医都比较困难，他们大多不会使用智能产品，挂号和抓药等都会受到很多限制。那么，对医院进行技术改革，特别是将区块链引入医疗领域，原本那些受到限制的患者群体，在改革后依然会受到技术限制，或者说会受到更多的限制。最后，由于区块链只是众多技术中的一种，只凭区块链就改变整个医疗行业是不可能的，也就是说，区块链与医疗领域的结合，是在原有技术基础上进行的，这个过程中难免会遇到技术鸿沟的问题。不同技术之间的交叉融合，往往会涉及很多方面的限制条件。

3. 医疗数据安全问题仍需关注

区块链有公有链、私有链和联盟链之分，私有链和联盟链的安全性最高，而公有链的数据透明度最高，也最容易引发数据泄露，但私有链和联盟链也有数据泄露的可能。对于高度保密的医疗数据而言，区块链医疗仍然会有数据泄露的风险，需要引起关注。区块链医疗系统的开放结构能满足普通大众的使用需求。其守卫医疗数据安全大门的重任主要由私钥承担。但无论是云私钥还是独立私钥的发生机制，都存在被盗用的风险。2015—2019年，大致发生过23起比较严重的比特币被盗事件，这些都是区块链应用领域安全事件的明证。与以直接占用数据为目标的比特币盗取相比，在区块链医疗领域，不用直接占用，在不篡改的情形下违规查阅各种医疗数据就已构成危害，这使得区块链医疗对使用安全性要求更高。换言之，在医疗数据保护方面，不法分子不需要篡改数据，只需要在公有链浏览相关数据即可完成对区块链医疗数据的盗取和使用，从而对患者造成危害。

（二）区块链医疗的未来之路

1. 区块链医疗数据标准化

随着医疗改革的不断深化，医院 HIS、PACS、LIS 等上百个系统的"信息孤岛"局面明显不符合未来医疗系统的发展格局，亟待进行统一规划和管理，其中尤为重要的就是医疗数据的标准化问题。医院的数据化、信息化和智能化改造工程很早就启动了，但无论如何改革，都涉及医院基本数据的积累和运用问题，但最开始并没有处理好这个问题。例如，数据的格式、数据的命名方式、数据类型、数据提供方、数据编目和数据共享条件等，在不同的医院，甚至是在同一家医院的不同部门，又或者是在同一部门的不同办公时期，都存在不统一的情况。

因此，为了进一步推进区块链医疗体系的变革，继续从数据治理的不同方面发力，集中处理好数据的标准化问题，要邀请医疗大数据的参与各方加入这个治理体系，共同研究和探讨如何将区块链医疗系统的数据标准化，对包括数据采集、加工、存储、管理和共享等在内的各方面，都制定一套标准化的流程。否则，容易阻碍区块链医疗领域的联盟链和私有链的建立，也不利于患者在全国范围就医。

2. 消除区块链医疗技术鸿沟

对于区块链医疗的发展，一部分人在享受技术红利，另一部分人在遭受技术鸿沟的限制，所以如何消除区块链医疗技术鸿沟就成为一个需要关注的问题。

首先，要出台区块链医疗的相关政策，促进各地医疗改革按标准化推进，使得不同医院和不同地域的医院之间能进行对话，认识彼此的差距，努力缩小

差距，最终实现共同构建区块链医疗大系统格局。

其次，区块链医疗系统改革在推进过程中应该考虑不同年龄层的现实需求，要充分考量其接受服务的方式之间的差异，既要满足技术"原住民"群体的需要，又要满足技术"移民"群体的需要。同时，还可以加强区块链医疗基本知识的普及教育，让服务对象认识、了解和掌握基本的就医方式，进而提高老百姓享受医疗服务的满足感和安全感。

最后，要从多个角度考量区块链技术与其他原有技术的兼容性、互补性和可拓展性，如将区块链与 5G 技术进行整合，进一步提高区块链医疗系统的运行性能。多从几个角度考虑问题，而不是只看到区块链与其他技术之间的鸿沟，有助于推进区块链医疗系统的建设。

3. 解决医疗数据安全问题

对于区块链医疗数据安全问题，由于其与原有的数据安全问题存在差异，因此相应的解决方法也必定存在差异。对于以数据占有为目标的数据安全问题，在数据保密过程中，最低要求是保证数据不被盗走或复制，但对于区块链医疗数据，尤其是患者非常敏感的隐私数据，就算是被浏览、传播，也会对患者造成损害。

针对这个问题，在区块链医疗发展过程中，要将数据的保密等级提高一级，也就是在保证数据不被占有或复制的基础上，保证数据在特定情况下不被浏览。

在这种情形下，需要将患者的医疗数据按等级分类，在联盟链和私有链上公开的数据，是有条件开放的数据；还有一部分数据是患者非常敏感的数据，需要分情况进行公开。例如，患者被诊断为恶性肿瘤晚期，像这种数据自然只能向患者的家属公开，而不能直接向患者透露。在设计区块链医疗数据公开系统时，不仅要考虑不能被非患者家属占有、复制和浏览的患者敏感数据，而且要考虑在患者家属浏览并授权后才能向患者公开的数据。

第八章

区块链教育：赋能、应用与新的未来

大数据、人工智能和区块链等新一代信息技术在教育行业的广泛应用，促进了教育的信息化和智能化发展。尤其是区块链的可追溯、共享性、不可篡改和去中心化的特征，为教育行业的发展奠定了良好的技术基础。

一、新的意义：区块链为教育赋能

对于教育行业而言，区块链不只是一种新兴应用技术，更带来了对教学评价、学生学习及数据共享等方面的变革。其在以下方面为教育行业带来了前所未有的发展契机：存储学习记录，生成电子档案；整合教育资源，实现高效共享；营造学习氛围，增强学习获得感；多元教学评价，提高评价客观性。区块链将在教育行业发挥巨大潜能与价值，为教育的发展提供新的发展思路与动力。

1. 存储学习记录，生成电子档案

当下，由于教育信息查询系统不完善，以及社会各界、各部门之间尚未建立十分完善的沟通渠道，教育行业会出现学历造假、简历造假的情况。区块链在教育行业最知名的用途就是用于学位认证，从而减少学位欺诈[①]。国际知名

[①] BARTOLOME A R. Blockchain in Educational Methodologies(Book Chapter)[J]. Lecture Notes in Educational Technology, 2020：63-79.

调查公司 Hire Right 的一项调查结果显示，受访招聘方中有近 86%的公司表示其曾发现应聘者提供虚假学历信息[①]。招聘网站凯业必达（Career Builder）称，57%的求职者美化了自己的技能，33%的求职者谎报了自己的学历[②]。因此，企业会对毕业生的信息进行核查，这不仅会耗费大量的时间和精力，而且不利于毕业生的高效就业。

区块链最显著的优势表现在数据存储管理方面。应用区块链，学生在校期间的学习行为与学习结果均可记录在不同的教育平台及教育组织中，学习数据安全并永久保存，形成了全球通用的电子数据库。这样，一方面，学生在与用人单位进行沟通时，可以出示记录在区块链上的学习数据，使其受教育轨迹清晰可见，从而节省双方的时间和精力，提高招聘效率；另一方面，区块链可以对学生的学习数据进行记录与永久存储，且可以保证学历证书和文凭的真实性，即便纸质证书遗失或教育查询系统崩溃，仍可保障相关数据有效溯源与精准追溯。

2. 整合教育资源，实现高效共享

目前，全球教育资源分布不均的现象依然存在。教育资源共享难、共享成本高、资源碎片化等，都是教育资源在全球实现高效共享的绊脚石。只有实现教育资源跨平台甚至跨国的优质共享，才能实现真正意义上的"低成本"与"高产出"[③]。区块链教育正在为实现此目标奋斗。区块链采用 P2P 网络结构存储数据，能够将海量的教育资源分别存储在散布于世界各地的独立存储区块中，且不需要中介方完成证书验证，任何人都可以访问该文档[④]。这就打通了教育资源壁垒，使得优质的教育资源可为世界各地的学习者所获取，提高了教育资源共享效率，也为打造随时随地可获得的全球优质数字教育知识库、构建更加

[①] 李亿豪. 区块链+区块链重建新世界[M]. 北京：中国商业出版社，2018：143.

[②] TAPSCOTT D, TAPSCOTT A. The Blockchain Revolution & Higher Education[J]. Educause Review, 2017, 52(2)：10-24.

[③] 张浪. 区块链+商业模式革新与全行业应用实例[M]. 北京：中国经济出版社，2019：183.

[④] CHEN G, XU B, LU M L, et al. Exploring blockchain technology and its potential applications for education[J].Smart Learning Environments, 2018,5(1)：1-2.

合理的资源共享体系奠定了坚实基础。随着区块链对教育资源有效利用程度的加深，相信在不久的将来，区块链推动教育的高质量发展将成为现实。

3. 营造学习氛围，增强学习获得感

教育是以全体成员为对象、充分利用有关教育资源、营造良好学习氛围、开展促进广大成员全面发展的活动。其中，培养学习者的自主学习能力是新时代教育发展的要求。借助区块链等新一代信息技术，可为学习者创造良好的自主学习条件，这些自主学习条件包括学习目标、学习内容、学习方法等可自由选择的灵活程度。区块链在教育行业的运用有利于营造良好的自主学习氛围，增强学生学习获得感和学习积极性。

第一，通过去中心化实现各节点教育资源共享，为学习者提供更易获得、更加丰富、成本更低的教育资源，从而建构智能教育环境，实现从"自学习"向"智学习"的跃升，满足学习者"随时可学、随处可学"的教育需求。

第二，基于区块链构建学习管理平台，利用其分布式账本技术真实地记录学习者的行为，如查阅资料、上传下载、学习时长等；囊括学习者的兴趣爱好、性格特点等方面的信息，将教育数据与学习者进行智能匹配，使学习者在享受个性化学习的同时，掌握与自己有关的教育数据；通过数据分析，有效满足学习者的个性化需求，从而真正培养其自主学习能力，使其学有所获。

第三，教师和学生共同利用区块链形成智能学习契约。教师可以根据学生表现给予其实时奖励，这样不仅能有效提升学生的学习积极性，而且能营造良好的学习氛围。

4. 多元教学评价，提高评价客观性

对教师的教学质量与教学能力的评估数据可以来自多方面，如学生、家长、学校及相关教育部门等，其中最主要是来自学生与学校两个方面。无论从何种角度对教师教学能力进行考评，都会受到许多主观因素的影响，如学生喜好、教师权威、师生关系等，从而无法做到客观准确。

目前，我国对教师的职称评定大多采用"评聘结合"的方式，对于一名把教育作为终身事业的教师来说，职称评定对其教学生涯非常重要。目前，我国

教育行业对教师的评价体系仍然存在评价机制不健全的问题，在评价时受过多主观因素影响，无法做到客观准确。区块链教育可以实现对教师职业能力的精准评估，促成教师职业发展的专业化。借助区块链的可追溯与不可篡改的优势，可对教师职称评定过程进行透明化处理，对教师执教生涯所取得的成就、努力与付出都——详细记录，且保证所记录信息高度可信。与此同时，还可利用区块链技术将教师职称评定结果在教育行业共享，实现教师信息"逐次加入、反复使用"，使教师信息无缝衔接、精准匹配，无须多次核验，促进教师职业管理工作的有序开展。

二、新的应用：区块链在教育行业应用落地

随着区块链技术的不断发展，与之相关的行业新应用不断落地。2017年年初，国内首个基于区块链的教育平台——教育链（EduChain）创立。教育链创始人介绍，该平台主要定位为教育行业的垂直应用孵化器，拥有孵化功能。其垂直应用孵化，主要指通过应用区块链将原有的教育资源进行整合，包括对已有的教育平台、人和物进行整合。当然，这只是区块链应用落地的前期工程。随着教育资源的积累和不断丰富，教育资源的质量也将提高，区块链将在这个过程中发挥价值。在整合的平台中，教育链要集中"去中心化系统"的优势，借助它的权益属性和流通属性，全面打造教育行业公链，充分释放它的服务功能。如此一来，将打造覆盖整个教育行业的教育平台，从多样化和个性化的角度满足教育对象的个性化需求。

对于教育行业而言，从某种程度上来说，已经推出的教育链主要是以公共服务的方式从服务角度完善教育环境，但从需求角度更能看出教育行业对区块链的需求。区块链在教育行业的应用落地，从本质上来说，主要是被教育行业发展的内在需求拉动的，而政府的重视和相关教育企业的自发行动，都是围绕需求进行的。

当然，在区块链应用落地过程中，公共政策的作用不容忽视，其在客观层面为满足教育对象的个性化需求发挥了重要作用。2018年4月，教育部发布的

《教育信息化2.0行动计划》指出，要建设国家学分银行，可以推动基础教育、职业教育、高等教育、继续教育机构逐步实行统一的学分制，加快实现各级各类教育纵向衔接、横向互通，为每位学习者提供能够记录、存储学习经历和成果的个人学习账号，建立个人终身电子学习档案。

相关数据显示，2019年中国教育信息化市场规模约4300亿元，其中财政性教育经费大约占据75%的份额。区块链支持存储记录，并能使资产数字化，而不需要增加任何其他的基础设施和安全成本，使用区块链能有效减少部分财政支出，并能确保学生档案安全。将区块链应用于在线教育，可使教师授课、学生听讲的数据全部在系统中留痕，能够做到教师评价、学生反馈和教学互动的透明、公开、可信，实现智能化决策，从而提高教育管理的效率。

围绕区块链教育，塞浦路斯尼科西亚大学的区块链学位项目顺利开展。尼科西亚大学是全球首家针对比特币和区块链进行慕课教学，并授予加密电子货币理学硕士学位（数字货币理学硕士）的高等教育机构。这一项目旨在帮助并促进金融和商业机构从业人员、企业家、政府官员和其他公共部门服务人员更好地了解区块链的价值和潜能，以及区块链驱动的全球金融市场创新机会和挑战。此外，该项目搭建了区块链专业知识和相关学科的沟通、互动桥梁，创造了基于区块链的跨学科研究领域[①]。

自2017年以来，Learning Machine公司一直是区块链应用领域的领头企业，该企业在2017年就同麻省理工学院合作，负责向部分毕业生发放数字文凭。该试点项目允许学生申请并获取关于教育资质证明的数字版本，旨在实现教育证明的可验证性与防篡改性。这些证明通过Blockcerts开放标准进行颁发。该软件允许用户创建、共享及验证数字记录。所有记录都保存在区块链上。另外，2017年1月，巴林大学也开始使用Blockcerts颁发文凭与证书。

在中国，2018年4月初，网班教育发布基于区块链的教育培训联盟"EDC教育链"，旨在通过分布式记账机制，结合教育学分（Education Credits, EDC）的通证分发机制，对学习者在不同教育培训机构进行的学习过程进行客观的、

---

① 宽客在线."区块链+"教育的发展现状及其应用价值研究[EB/OL].（2018-08-11）[2021-02-06]. https://blog.csdn.net/weixin_42633269/article/details/81587685.

防篡改的记录。该联盟计划把学习者在不同教育机构修得的学分或成果进行组合，形成"学分仓库"或"学分银行"。学习者完成一定学时的学习任务，即可免费获得对应的学分，积累到一定学分之后就可以申请联盟内的学费减免福利等。

无论是国内还是国外，在学历证书、学分累计和文凭颁发等方面，目前都已出现区块链的身影。随着时间的推移，只要垂直的细分领域不断地向横向交叉发展，整个教育行业的区块链应用将会爆发，届时的教育行业将是区块链应用的前沿阵地——教育行业需要区块链辅以实现诸如公平、个性化服务等理想。

据不完全统计，自 2011 年至今，区块链行业始终保持 80%以上的增长速度。可以预测的是，到 2022 年左右，在政策支持和相关下游需求的拉动下，我国区块链产业规模将保持 50%以上的增速，区块链产业规模不断扩大。截至目前，围绕区块链进行的普及教育已基本完成，而围绕区块链进行的应用教育才刚开始。区块链与教育行业的融合，无疑为教育行业的发展带来了前所未有的机遇。

三、新的未来：问题与对策

（一）区块链教育发展面临的问题

虽然区块链在教育行业有广阔的应用前景，但新技术兼具两面性，其在为公众带来便利的同时，势必会导致新的问题出现[1]。由于受区块链本身技术暂未成熟、公众接受度较低、安全性能较低、专业人才缺乏等因素的影响，区块链在教育行业实现大面积应用仍需时日。教育行业应用区块链时存在的障碍主要表现在以下几个方面。

---

[1] 鑫苑集团. 技术信任创造价值区块链技术的应用及监管[M]. 北京：中国经济出版社，2018：207.

1. 数据处理面临挑战，安全问题亟待解决

在区块链的特有优势得以彰显的同时，挑战也随之而来。首先，区块链的匿名特征虽然可以在很大限度上防止因交易信息透明化而泄露用户隐私事件的出现，但某些不法分子通过对区块链上相关数据信息和用户活动进行观察、追踪，仍有可能窃取用户的个人信息。若据此对师生的行为活动、状态等进行预测，势必产生"安全隐患"。与此同时，在如今万物皆可"数字代码化"的时代，信息的传输与共享速度很快，要想在现阶段通过区块链保护用户隐私，难度较大[①]。区块链可以用于记录几乎所有对用户有价值的、重要的信息，从出生证明到教育成绩单、社会保障卡、贷款等，还可以用于备份用户在区块链教育中进行的所有教育活动，这些信息一旦被不法分子利用，则用户的相关数据隐私势必会泄露无遗。

其次，区块链由无数节点组成，每个节点上都可对数据进行存储，随着节点数量的增多，数据资源逐渐丰富，会产生相应的问题。一方面，节点数量增加，则节点存储的成本也随之增加，相应地，每个节点的存储容量就会随之缩小；另一方面，如果节点数量增加，对节点上用户信息的维护变得更加艰巨，如果提高系统的安全性，则系统的性能和使用体验随之下降，用户需要付出更多精力，承担更多责任[②]。

最后，在数据存储方面，仅是存储在区块链上的交易信息，已经给区块链上各节点的存储空间造成负担，而教育行业的信息更加丰富和多元，这给区块链教育信息的存储带来了更大的挑战。教育资源的极不平衡使在区块链平台上获取优质教育资源具有极高的信息成本及交易成本[③]。因此，学校、教育机构，甚至政府可能会因为过高的资金投入而选择放弃使用区块链。此外，随着大数据技术的不断发展，教育数据将呈现指数增长，区块链中的信息将更加丰富和多元。因此，未来如何在数据存储方面为区块链教育"减负"，是我国应

---

① 马永仁. 区块链技术原理及应用[M]. 北京：中国铁道出版社，2019：187.

② [日]松尾真一郎.拷问区块链[M]. 刘峥，艾薇，译.北京：人民东方出版传媒，2019：162.

③ 颜阳，王斌，邹均.区块链+赋能数字经济[M]. 北京：机械工业出版社，2018：110.

用区块链教育要攻克的难题。

2. 公众理解不足，推广阻力较大

将新兴技术应用于教育领域，始终无法挣脱"技术应用怪圈"的枷锁，即当教育行业与新兴技术相互碰撞时，大多数公众仅持观望态度，只有少数怀有满腔热情的教育工作者进行初步探索。

首先，区块链面临的一大难关就是，因为太过于"新"，所以可供借鉴的教学案例较少，区块链教育缺乏应用方面的经验支持。

其次，目前区块链应用可依据的法律法规不多，这大大制约了区块链与教育的有效结合。

再次，用户尚不能独立使用区块链。鉴于区块链过于专业，涉及范围狭隘，用户无法大规模进行群体互动，只能与专门的区块链公司互动，这在很大程度上限制了区块链的使用范围，且容易使用户对第三方机构产生依赖。

最后，公众对区块链理解不足甚至出现误解。区块链教育作为新时代的产物，其较为复杂的结构原理使普通人难以理解。目前大多数公众对区块链理解不足，加之一些机构对区块链的极端宣传和滥用，导致许多人对区块链存在很深的误解。比如，部分人认为区块链是"洗钱工具""诈骗伎俩"等。因此，社会对区块链教育的认可度亟待提升，以便为区块链教育的发展创造良好的社会环境。

3. 领域研究尚浅，专业人才缺乏

当前热门的新兴技术领域，甚至整个社会，都对专业人才有迫切的需求，区块链人才更是供不应求[1]。区块链出现的时间较短，在很大程度上制约了区块链与教育的深度融合。另外，一名优秀的区块链从业者所涉及的学科领域非常广，如涉及计算机科学与技术、信息与通信工程、智能科学与技术等学科，使得区块链课程体系的构建、课程开发及课程教学均具有很高的难度与复杂性，目前能够开设区块链课程的高校相对较少。

---

[1] 李赫，何广锋.区块链金融应用实践[M].北京：北京航空航天大学出版社，2017：235.

迄今为止，中国、美国的高校已开设区块链相关课程，如中国的清华大学、中央财经大学，以及美国的纽约大学、普林斯顿大学等。在课程教学模式上，大多数高校开设的课程仅与区块链相关，并无具体的区块链专业课程。另外，国内目前的区块链人才多为社会技术人员自学而成，极少是由专业教育系统开设课程培养的。因此，引领区块链发展，推进区块链专业人才培养仍需时日。

4. 政策文件较少，面临监管挑战

目前区块链在教育行业的应用条件暂未成熟，尤其是缺乏监管方面的政策。因此，亟须加快对区块链的监管和完善相关政策。监管机构首先应该加深对区块链的了解，这样才能有的放矢进行监管[①]。监管机构将面临挑战：一方面，当监管机构对区块链上的相关数据开展必要性审查时，将会面临庞大且复杂的数据；另一方面，区块链去中心化的特征虽可以辅助避免因中心服务器崩溃而出现的教育数据遗失问题，但也存在主体不明确的问题，即当数据真伪难辨时，需要对上传者的身份进行核实，此时监管机构或将陷入无从下手的窘境。此外，当区块链逐渐成为信息化、智能化时代具有影响力的技术时，势必会出现法律适用问题。在出现新问题时，人们努力尝试在已有的知识库里搜索答案。但时代总在不断变化，已有规则与现今的技术发展尚难完全匹配。因此，在监管方面，我们应当持审慎监管态度，着力推进区块链在教育行业深入扎根。

（二）对策

区块链赋能教育，对教育行业具有重要的价值，但在整个发展过程中难免会遇到上述问题，可从以下四个维度入手解决。

[①] 余丰慧. 金融科技大数据、区块链和人工智能的应用与未来[M]. 杭州：浙江大学出版社，2018：234.

1. 加大研发投入，推动技术创新

同任何技术一样，系统越复杂，漏洞越多。区块链的运用也存在局限性。只有充分认识其局限性，做到"扬长避短"，才能更好地实现区块链在教育教学活动中的价值。

首先，国家应加大对区块链的研究投入，提升整体研究水平。区块链尚存在许多不足，如区块链的安全性能不高、使用成本高及个体隐私可能被泄露等。这就需要相关科研机构对这些问题进行研究，以便提升安全性能、降低使用成本、加大对个人隐私的保护力度等。

其次，密切关注区块链的研究开发与全球标准化动向。区块链的应用没有国界限制，我们必须关注国际动向，紧跟时代潮流。如果没有这个意识，区块链教育必将变成一个"加拉帕戈斯孤岛"[1]。

再次，区块链发展尚未成熟，仍处于发展初期，机构和企业应坚持以区块链研究开发为己任。为了使区块链的研究过程与研究成果更为可控、更契合教育行业的发展，区块链企业内部可成立专门的研发机构，探索区块链在教育行业的应用场景。另外，区块链企业应走自主创新之路，从企业组织架构、创新人才引进、创新战略规划等方面着手，积极关注创新前沿，加大技术研发力度，共同探索区块链核心技术，从而为区块链教育创新提供相关经验。

最后，由于区块链在各行业的应用有许多共通之处，可以通过密切跟踪各行业的发展趋势，挖掘行业的创新点。

2. 促进思想转变，提升社会认可度

首先，应使区块链"名正言顺"地出现在大众视野。监管机构应加大对区块链的认可和支持，这样才有利于推动区块链在教育行业融合发展，开辟教育新天地。

其次，教育领导者要从思想上认识到区块链的重要性，从而开展系列推动区块链发展的教育培训活动，使区块链被更多的教育工作者所认知，以促进区

---

[1] [日]松尾真一郎. 拷问区块链[M]. 刘峥，艾薇，译. 北京：人民东方出版传媒，2019：162.

块链相关知识的推广。

最后,要积极向公众宣传。政府要让公众认识到区块链与"洗钱工具""金字塔骗局"等的区别,尤其是要让公众明白,区块链是一种推动社会发展的新兴技术,能从各方面给人们带来福利。区块链教育意味着一个教育新时代的开启,其发展程度直接影响教育未来的发展方向。因此,政府要与专家、媒体密切合作,采用多种舆论传播手段向公众普及区块链的原理、影响、应用领域等知识,让公众对其有理性认识[①]。

3. 培养专门人才,推动技术发展

教育领域对区块链专业人才的需求十分迫切。在培养专业的区块链人才方面,首先,要破解目前高校缺乏专业区块链教师的窘境。从国内外少数高校开设区块链相关课程的情况来看,人才培养的便捷通道是:高校与社会区块链企业合作设立研究机构,或者从区块链企业聘请技术专员与高校教师联合授课。鉴于区块链正在快速发展,大量区块链公司正紧跟国际研究前沿,在一线进行大量研创,了解市场对区块链人才的要求和标准;高校作为人才培养的专业机构,对于如何培养区块链人才具有更清醒的认识,因此,高校与区块链企业合作,无疑是提高区块链人才培养速度与效率的有效途径。

其次,社会与高校通力合作。有基础和实力的高校应积极设置区块链专业,开设相关课程,依托"新工科""卓越工程师 2.0"等项目,加快培育区块链人才,并通过校企深度合作,提升学生应用技术和解决实际问题的能力。此外,发挥民间社团和协会对区块链人才培养的作用,积极整合高校、行业协会、行业联盟等多方力量,共同打造区块链人才培养体系,在项目实践中培养真正懂区块链、会用区块链解决教育领域实际问题的人才。

最后,在人才引进方面,政府通过设立产业园和实验室,为区块链人才发展创造良好的科研条件,通过政策补贴、住房补贴、技术奖励等手段吸引区块链人才。例如,广州黄埔区出台《黄埔区、广州开发区加速区块链产业引领变革若干措施实施细则》,鼓励设立 10 亿元区块链产业基金,打造区块链产业龙

---

① 刁生富,吴选红,刁宏宇. 重估:人工智能与人的生存[M]. 北京:电子工业出版社,2019:123.

头工业园；上海杨浦区出台数项政策支持，包括财政补贴、办公补贴、融资支持等，用于引进区块链人才。

4. 加强政府监管，制定行业规范

首先，合理引导，保障区块链教育改造有序推进。监管机构要从多方面，如技术应用、运营机制等细化监管条例。从某种意义上来说，监管的容忍度在一定程度上会影响社会的创新度[①]。鉴于目前我国缺乏关于区块链的相关法律法规，因此更需要加强监管，尽快制定和颁布区块链在教育中应用的相关法律法规，以便更有效地保障参与主体的合法权益，有效减少因区块链与教育行业结合而产生的灰色监管地带。例如，政府于2019年颁布《区块链信息服务管理规定》，开始进一步完善对相关融资活动的监管。

其次，国家政策的大力支持是区块链在教育行业应用落地的重要推动力。例如，2016年12月，贵阳市政府发布《贵阳区块链发展和应用》白皮书；2018年2月，河北省政府发布《河北省人民政府关于加快推进工业转型升级建设现代化工业体系的指导意见》；2017年12月，广州市出台培育区块链产业的政策——《广州市黄浦区　广州开发区促进区块链产业发展办法》等。这些文件都为促进区块链在教育行业的应用落地提供了新的政策条件。从政策层面推动区块链应用落地，制订区块链教育的发展目标和情景；奖励相关区块链企业，出台税收优惠政策；建立区块链产业技术创新联盟等，无疑是促进区块链科技快速发展的有力举措，也加快了区块链与教育的融合速度。

---

① 李光斗. 区块链财富革命[M]. 长沙：湖南教育出版社，2018：272.

第九章

天下谁人不识君：区块链与人力资源的"化学反应"

如今，经济全球化带来的风险隐患正在加剧，以美国为"标杆"的经济泛金融化和以中国为代表的制造业"全链条"化的长处、短处在2020年新冠肺炎疫情期间得到立体展现，使人们真正意识到，脱离实体经济，依靠虚拟经济，会导致经济韧性变差。从表面上看，问题症结貌似在于产业分工或结构问题，深层次反映的却是人才结构的问题。这或许就是经济避实就虚的"罪与罚"。当然，面对百年未有之大变局，中国占得先机。要把先机变成产业优势，资本当然必不可少，但更重要的是获得与产业相匹配的人才优势。凭借去中心化、不可篡改、溯源清晰等特性，区块链在人力资源领域具有广阔的应用前景。

一、使命呼唤：人力资源需要技术支撑

（一）人力资源的"画像"

要理解"人力资源"的含义，我们先理解"人力"的含义。人力可以理解为人的力量，人的力量由智力和体力两种因素组成。智力是人的一种内在的柔性因素，它的弹性非常大，智力的边界很难界定；体力是人的一种外在的刚性因素，它的弹性不大，所以它的"功能"是有限的。两种力的"联姻"产生了

"能量"，"能量"通过实施运作转化为能力。

在"人力"的基础上加上"资源"形成人力资源的概念。人力资源是一个历史性的概念。制度经济学派的早期代表人物之一约翰·洛克斯·康芒斯（John R.Commons）在其于1919年出版的著作《产业荣誉》里就已使用"人力资源"一词，但与我们现在所理解的人力资源的概念相差甚远。

我们现在所理解的人力资源的概念是由现代管理学之父彼得·德鲁克（Peter F. Drucker）于1954年在其著作《管理的实践》中提出并加以明确界定的。他认为，人力资源具有其他资源所没有的能力，即"协调能力、融合能力、判断力和想象力"。人力资源是一种特殊的资源，必须经过有效的激励机制才能开发利用，并给企业带来可见的经济价值。从此，人们对人力资源的研究越来越多，学术界逐渐对人力资源的含义提出不同的理解。

目前，网络公开资料显示，人们所理解的人力资源是指在一定范围内的人口总体所具有的劳动能力的总和；或者说是指能够推动整个经济和社会发展的具有智力劳动和体力劳动能力的人的总和。

人力资源的特殊性主要表现为以下几个方面。

一是不可剥夺性。不可剥夺性是人的价值意义的"内核"与外在表现，它同人的生命密不可分，同人的尊严与权益相联系。

二是社会性。社会性反映"人是社会关系的动物"的本质，展现人的世界观、人生观、价值观、思维方式与行为模式，为人力资源的开发运用提供依据。

三是时效性。人力资源的培养、运用、沉淀等是同人的资源生命周期直接联系的。人力资源不同的生命周期所具有的能力、使用价值是不同的。

四是能动性。能动性是指人的主观能动性，在实践活动中，主动地、有目的地、有计划地反作用于外部世界，是人力资源发挥作用的前提。能动性表现为正向能动与负向能动，两者产生的社会意义是不同的。人力资源的政策应使人充分发挥正向能动的作用，减少和避免负向能动。

（二）人力资源视域中的区块链

在管理实践中，更多地基于数据、模型、技术等客观因素，而不是基于管理者的心情、感受等主观因素来推进资源管理的科学化，是从管理学正式成为一门科学之日起，管理主体一直推动的事项。基于事实的定量分析方法是现代科学的重要标志，伴随管理学和管理实践的发展历程。

如今，数据分析已经在运营管理、审计财务、金融电子、市场营销等领域得到了较为广泛的应用，特别是以商业智能为代表的数据分析更是深深地影响了这些领域。在很多管理领域，数据和模型已经成为如同阳光、水、空气等一样的生存必需品，成为管理者决策的重要参考依据。谷歌、百度等智能领域的领跑者多次在公共场合表示，"让一切商业决策靠数据说话"。实际上，传统企业与数据型企业的人力资源管理职能是有很大区别的（见表9-1）[①]。

表 9-1　传统企业与数据型企业的人力资源管理职能对比

用人环节	传统企业	数据型企业
选人	招聘决策 发布招聘信息 收集应聘信息 测试、甄选、考察等	登记个人信息
育人	培训需求分析 设计培训 计划线上、线下培训 培训效果反馈等	线上学习 线上考核
用人	工作分析 绩效考核 绩效沟通	用户评价 自我调整
留人	工资、奖金、福利 其他激励因素	自主权衡 自负盈亏

纵观人类历史，技术进步特别是信息技术的进步在商业智能的发展历程中起到了重要促进作用。进入21世纪以来，随着社交互联网、车联网、物联网、智能终端设备等技术的蓬勃发展，与商业智能相关的技术一次次更新，各种数

---

① 何永贵，冯缘. 基于区块链技术的平台型企业人力资源管理体系研究[J]. 管理现代化，2020（5）：99-102.

据爆发式增长，远远超过了当时的数据处理系统能够"消化"的规模。因此，大数据、区块链等技术受到关注。

区块链具有去中心化、交易透明、不可篡改和可追溯等特征，能够在没有可信第三方机构背书的前提下，实现任意节点之间的数据传输和交易。价值共识是人类社会的信任基础设施，也是人力资源管理的重要一环，区块链技术将成为人类前所未有的"价值共识技术"，快速帮助全社会树立对人类价值的共识和"好人有好报"的信念。

如今，数据分析已经在运营管理、金融电子、市场营销等领域得到了较为广泛的应用。然而，如果我们认真分析不同管理领域的发展程度，就会发现，模型化的商业决策的发展水平非常不平衡，其中一个明显存在短板的领域就是人力资源管理。目前，大部分公司使用的人力资源系统还处于"初级阶段"，还处于从"人力报告"到"人力分析"转型的阶段，需要进一步向具备匹配性、挖掘性、分析性的"提升阶段"努力。而作为新兴技术的区块链无疑是担当这一"提升"重任的重要技术之一。

二、现实困境：人力资源管理存在的短板

组织应该以目标为牵引，研究如何促进人的价值最大化，而非仅仅追求产品质量、服务水平和经济效益。目前，组织发展表面上看是业绩问题，实际是人力资源问题。要实现人的发展与组织发展的良性互动，必须解决人力资源管理方面存在的主要问题。

（一）人力资源信息采集不精确

2020年全国普通高校毕业生为874万人[①]，仅仅从高校毕业生这个数据就可见整个人力资源行业所需要采集的信息量之大。由于人力资源行业涵盖农民

---

① 人民网.2020届高校毕业生达874万人[EB/OL].（2019-11-01）[2020-07-22]. http://edu.people.com.cn/GB/n1/2019/1101/c1006-31432330.html.

工、技术人员、毕业生等多个主体，各主体的流动性、分散性、信息完整性等并不一致，很容易出现部分人力资源的信息没有采集或采集后没有成功录入的问题，导致人力资源信息不完善。此外，许多主体对于信息采集的重要性并没有形成正确认识，导致部分求职者对待信息采集工作不认真，提供模糊的甚至是虚假的信息，使得采集到的部分信息失真，难以发挥信息采集的真正作用。同时，错误信息也给高校和企业的人才对接带来麻烦，造成双方资源的浪费。因此，人力资源信息采集不精确在一定程度上阻碍了各主体的精准就业，也阻碍了对人力资源的后续管理。

（二）背调程序有困难

背调属于人力资源术语，意为背景调查。目前，在一部分招聘工作中，应聘者虚增薪酬、夸大工作业绩、虚报任职背景、虚构教育培训经历等让企业难辨真伪，常常造成企业筛选工作成本高、选择效果差等问题。而优秀者曾经的工作经历由于没有可查的记录，在应聘新职位时也很难被知晓、信任，造成是"金子"也难以在短短的简历或急促的面试中"发光"的现象。据不完全估计，高达75%的求职者在求职申请或简历中包含表述不准确、篡改经历，甚至提供虚假信息的问题，导致用人单位难以找到既符合岗位条件又值得信任的人才。同时，由于人力和资本等机会成本的限制，用人单位无法对求职者展开全面深入的调查，只能通过应聘者简历和简约的面试情况来快速判断一个人是否符合岗位要求。此外，求职者也只能凭岗位简介或企业的招聘讲座等方式来判断自己是否适合该岗位，难以对岗位需求、工作环境和企业文化进行全面的了解。这很容易导致应聘者在入职后才发现自己与岗位并不匹配，从而造成人力资源浪费，同时给用人单位带来较大损失。

（三）成本管理不科学

目前，大部分高校的专业课程主要以理论教学为主，让学生独立动手实践的课程较少，这使得对于部分学生来说，理论与实践严重脱节。但是，企业对毕业生的实操能力要求较高，并且需要毕业生较快适应工作环境。现实情况往

往往是，理论学习不扎实且实操经验不丰富，导致毕业生上岗后需要从头学起，给企业造成资源浪费，也增加了不少成本。此外，许多企业面临管人难的问题，如员工迟到、早退、怠工、非正常离职，上下级关系恶化，工作失误造成公司重大损失等。传统的管理常常通过公司制度、组织文化、社会道德和领导魅力等"软"性管理方式来进行，而没有从技术、智能、量化等方面记录每个员工的工作履历数据。岗位基本信息、工作绩效、奖罚等级、员工态度等信息缺乏"透明性量化""分布式留痕""激励性机制"，不仅造成人力资源管理成本的上升，而且不利于形成积极向上的文化氛围。同时，在全球化的今天，如何更高效地降低因人力资源流动而产生的费用，也是我们不得不思考的问题。

三、新晋"网红"：区块链成为人力资源市场的热点

（一）人力资源视域中的区块链

将区块链放入人力资源领域，我们会产生一些疑问。例如，身处区块链世界的我们，能否平等、免费拥有"价值连城"的数字资产？"好人有好报"是我们的一种祈愿，在区块链的世界，能否建立一个让"好人"先"好报"、好人先富起来的数字激励社会？答案是肯定的。在区块链世界，每个人自然而然形成的资产是自己的职业信用数字资产；每个人的职业履历通过区块链收集、归类并呈现出来，成为个人宝贵的数字资产。

价值共识是人类社会的信任基础设施，只是在以前是缺失的。区块链技术将成为人类前所未有的"价值共识技术"，快速帮助全社会树立对价值的共识、对善恶的敬畏、对"好人有好报"的信念。区块链为信任背书，可以让人善行得善果，获得有钱人及组织的激励，得到社会的鼓励。区块链可让好人优先获得资金支持，让好人更幸运、更富足，呈现"人本"重于"资本"的人类价值新图景。

任何领域（包括人力资源领域）都需要持续推出提高工作效率的新方法，以适应人类社会发展的要求。区块链是最新的量化解决方案之一，可以极大地

改善人力资源领域的工作。例如,将智能合约应用于劳资关系,通过客观、规范化地处理交易协议,优化执行、支付条款、扣押权等,降低违约、诈骗等恶意行为所造成的纠纷、仲裁等交易成本[①]。再如,网络安全系数不达标的数据存储系统容易导致信息泄露和网络攻击,区块链的网络安全应用程序可以有效缓解甚至解决这些问题。区块链还可以有效限制员工访问系统数据,从而防止组织内部发生欺诈。

(二)炙手可热的区块链市场

2020年年初,全球最大的职业社交网站领英将区块链确定为2020年最需要的"硬技能",替代2019年的云计算。根据自由市场UpWork.com的数据,在2018年,对区块链专家的需求同比增长了百分之两千。当时,区块链专业人士的高级职位的薪资从36000美元到200000美元不等,让很多行业的人羡慕不已。2019年,许多先驱公司推出了基于区块链的产品或解决方案,区块链的美誉度日渐升高。例如,国际汇款提供商速汇金(MoneyGram)与瑞波(Ripple)合作,通过区块链打开新的跨境支付网关;三星(SAMSUNG)与信宇(Syniverse)合作,实现基于区块链的移动支付,彰显全球区块链应用的新程度。此外,区块链日益引起人们对中央银行数字货币(CBDC)的关注,这些货币已成为包括中国、澳大利亚在内的许多国家政府着重考虑的事项,这进一步增加了市场对顶级区块链人才的需求。

BOSS直聘发布的公开数据显示,区块链相关岗位的招聘需求自2017年7月开始快速增长,当年11月进入第一个显著爆发点;仅仅2018年前两个月,区块链相关人才的招聘需求已达到2017年同期的9.7倍,发布区块链相关岗位的公司数量同比增长4.6倍。与此同时,虽然区块链人才供应量同比增加235%,但存量仍远低于实际需求,其中区块链技术人才的供需比仅为0.15,相当于每8个区块链职位只有一位应聘者。从职位分布上看,73.7%的区块链相关岗位为技术类,7.5%为产品类、8.4%为运营类,还有10%为其他岗位(包括

---

① 韦子宁,丁文钰,王乐乐,等. 基于区块链技术的智能合约在劳资关系中的应用[J]. 人才资源开发,2019,5:81-82.

行业分析师、市场推广、记者等）。

猎聘网数据显示，对比 2018 年和 2019 年区块链招聘情况可以看到，千人以上大企业招聘需求占比由 2018 年的 17.9%增加至 2019 年的 24.5%，大企业对区块链人才的需求占比有所上涨。继 2019 年年底区块链被定位为我国"核心技术自主创新重要突破口"，2020 年 4 月区块链又被国家发改委纳入"新基建"范畴，其正在迅猛发展并成为经济增长的新动能。区块链人才实属"一将难求"。

通过对大量职位描述的分析可知，卓越的区块链人才少，并非因为门槛高，而是同时拥有扎实技术功底、区块链思维方式和实践操作经验的人才太少。业内人士初步估计，目前国内的区块链人才总量不足一万人，而如果严格按照技术底层开发的标准来说，国内的"核心"区块链人才总量不超过 300 人。在区块链相关招聘中，区块链技术岗大概占了七成，其中核心岗位基本上要求有两年到五年的区块链开发经验。这些条件对于一个新兴行业的从业人士来说，是相当"挑剔"的。加之，目前供给端数量较少，初始阶段区块链人才的培养不是连续的，整个社会还未形成完善的学习培养体系，即使开出高薪，难招人也是必然的。

正如中国通信工业协会区块链专委会副主任委员于佳宁所说："当前，区块链人才尤其是'区块链+产业'的复合型人才面临供不应求局面。"[1]一方面是人力资源招聘存在困难，另一方面是进入区块链行业的人普遍高薪。因此，虽然目前区块链从业环境要求非常严格，但仍然无法阻挡一些不够条件的人"削尖脑袋"往区块链的圈子里钻。

四、应用方向：招聘、背调、成本控制

区块链技术在人力资源行业具有广阔的应用前景，可应用于背景调查、信

---

[1] 光明网.区块链技术人才"一将难求"[EB/OL].（2020-6-7）[2020-11-24].
http://epaper.gmw.cn/gmrb/html/2020-06/07/nw.D110000gmrb_20200607_4-05.htm.

用服务、公平激励、灵活用工、人才甄别、人才金融、人才认证、员工共享等方面（见图9-1）[①]。在人力资源管理方面，可以利用区块链的透明性进行招聘，利用区块链的数据不可篡改性进行背调，利用区块链的去中心化进行成本管理。

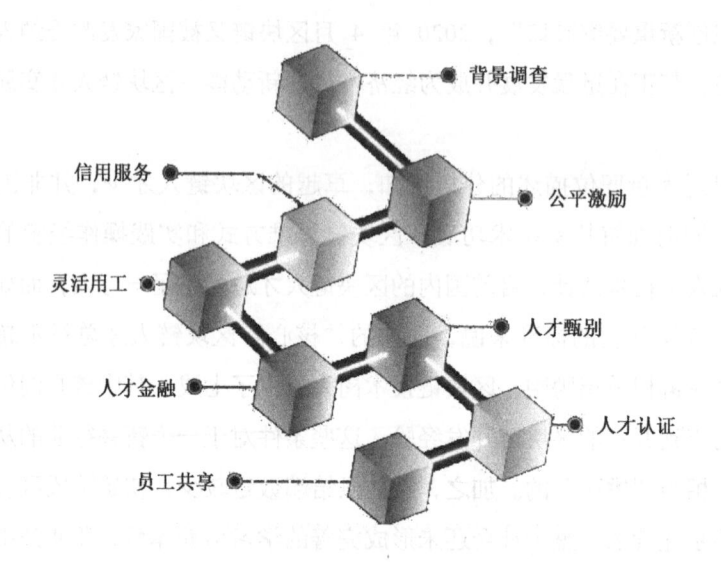

图9-1　区块链在人力资源行业的应用场景

（一）利用区块链的透明性进行招聘

区块链具有去中心化、分布式存储、数据不可篡改等特点。因此，区块链可以帮助我们透过现象看本质，通过纷杂的数据提炼关键、有价值的信息。通常情况下，我们主要通过了解一个人的过往记录来推测这个人的能力、道德及诚信程度，这些记录可以是任何类型的记录——包括教育和职业背景。区块链直接击中学历、履历、简历造假的"要害"，维护并确保候选人的文凭、考试成绩、医疗证明、犯罪记录和培训证明等信息的真实性。此外，聘用单位可以使用区块链技术验证候选人的简历，保证数据的透明性、可验证性，通过技术解决人力资源领域的诚信问题。

[①] 搜狐网.科普|一图看懂"区块链+人力资源"行业[EB/OL].（2020-04-13）[2020-11-22]. https://www.sohu.com/a/387594010_100211421.

第九章 天下谁人不识君：区块链与人力资源的"化学反应"

例如，人人可以成为猎头的招聘社区——猎链，是基于区块链技术的职业身份应用链，建立的是一个以职位身份为核心的职业场景生态。其第一个落地推进的场景为求职招聘 DApp（DApp 是 Decentralized Application 的缩写，是指去中心化应用，也称为分布式应用）。95%的公司需要通过第三方招聘服务公司推荐人才来完成招聘工作，而线上招聘平台的盈利一半以上来自简历的交易，单个用户的简历一经平台存储，就可以不受限制地进行交易。这对简历的"主人"来讲是非常不公平的。猎链是基于个人身份的职业档案数据库，其技术基础是区块链，用户每次访问都需要权限，并会留下"透明的痕迹"。其通过智能合约自动生成职业档案访问权限。

（二）利用区块链的数据不可篡改性进行背调

生活中很多时候我们都会接受背调，如应聘、升职、留学等。然而如何背调，却考验着人们的智慧。

通过区块链技术，可以安全、真实地访问数据库中的信息。数据库信息包括人的初始教育、技能、培训和工作经历等可靠的、不可篡改的记录。区块链技术直接增强了招聘人员精准寻找适合岗位人才的能力，也增强了潜在员工展示其最佳技能的能力。个人履历数据一经"上链"，不能被篡改，从技术上保证了个人数据的真实性。一个人职业发展的每个阶段，都可能成为区块链账本的一个分录。只有取得各参与者的同意，区块链分布式账本才能被修改。区块链技术帮助企业"猎才"，帮助人才寻觅"英主"，搭建企业、人才之间的桥梁，确保参与方彼此之间信任，有效避免应聘人员简历造假、企业虚假招聘及平台管理烦琐等弊端。

证书可以代表许多不同类型的数据——技能、学历、学位、专业技术等级、学习培训课程、工作经验等。它们包含了一个人核心竞争力的关键信息，但大部分证书仍然是纸质版，个人找工作时仍要携带证书的原件及复印件，企业也需要人力、财力来验证各种证书的真实性，并需要人力和设备妥善保存留档的复印件。

通过使用区块链技术，可以使证书数字化。从纸质到数字化的转变，帮助

139

企业和员工简化了整个流程。职信链就是一家以区块链为底层技术的职业信用应用服务公司，是全球首个区块链职业信用数字平台。通俗来讲，职信链做的是记录职场信用的区块链。员工从一个单位转换到另一个单位时，其相关信息会自动共享至该员工的下一个就业单位。通过职信链，企业可全历史、较真实地了解员工的"昨天"，从而决定"现在"是否继续聘用。对个人而言，职信链上的信用数据就是自己未来求职最好的"护照"。这些留下痕迹的数据也会在未来的社交、信贷、保险等众多场景中起到重要的增信作用。对于企业而言，职信链不仅能帮助企业提高人力资源管理效率，还能帮助企业实现员工自动化管理。早在 2016 年，职信链就已经启动；2017 年 12 月，主链功能上链运行，职信链成为全球第一个职业信用数字平台。目前，青岛市、雄安新区、佛山市、杭州市等多个城市正在全力推进包括职业诚信在内的诚信社会建设。

2018 年 10 月，才链（重庆）区块链科技有限公司与 e 签宝达成战略合作关系，双方将运用区块链技术为电子签名加注技术安全砝码，赋能企业人力资源管理系统，联手共建人力资源智能新生态，为人力资源行业的发展提供崭新的思路。双方强强联手，不仅使员工信息验证更为简单、有效、可靠，而且在劳动合同签署方面实现在线电子签署和电子存档，节约大量的打印、快递、保管成本，真正有利于企业实现高效降本，为企业的数字化智能发展提供强有力的支撑。同时，e 签宝还联合公证处、仲裁委、司法鉴定中心等多个权威部门，为企业和员工提供完善的法律服务，最终建立一个能够降低信任风险、提高签署效率、实现数字化管理的人力资源平台。

2020 年 4 月 10 日，火币中国与链人国际联合宣布共同推动区块链在人力资源行业的创新应用，将从背调场景切入，打造人力资源管理全流程信任生态。"区块链+人力资源"行业联合解决方案和标准化产品是火币中国在深耕产业区块链细分赛道上的重要布局与突破。此产品将发挥火币中国与链人国际的战略优势，依托行业资源和技术能力，构建职业信用生态体系，从而体现人才全职业生命周期价值，为企业提供全面可信的雇员背景和职业信息[①]。链人

---

① 中国经济新闻网."区块链+人力资源"可打造行业全流程信任生态[EB/OL]．（2020-4-13）[2020-11-23]. http://www.cet.com.cn/wzsy/ycxw/2527058.shtml.

国际创始人张晓媛表示，火币中国与链人国际已与工信部人才交流中心，以及国资委、教育部、人社部支持的职信网达成战略合作，开展区块链产业人才的能力评价和信用评价，此项目将成为"区块链+人力资源"场景的示范性落地应用。

（三）利用区块链的去中心化进行成本管理

利用区块链技术，可实现去中心化，有效降低人力资源管理成本。一是区块链让组织管理更加简洁。区块链的去中心化特性有助于压缩环节，可以降低企业的人力搜索成本和协调成本。

二是增强员工的工作积极性。一部分人可能认为去中心化会导致员工失去一些工作机会。事实未必如此，公司通过合并职能，优化环节，及时培训员工，帮助员工在企业风险管理中发挥作用，不仅能够减少员工失业，而且能够提升员工的职业素质和抗风险能力。

针对企业管人难的刚需，企业自动为每个员工记录每月工作中的信用资产。通过区块链，企业记录每个员工的工作履历数据，如岗位基本信息、工作绩效、奖罚等级、员工态度等。区块链的建立会让员工更加留意、关心个人的职业信用，从而使迟到、早退、怠工、非正常离职、上下级关系恶化、工作失误造成公司重大损失、性骚扰等问题大幅度减少；会让员工做事更加细心认真，因为"此时此刻"的每个职场败笔与点睛之笔，都能被记录，都会在未来个人升职、跳槽中起到背书的作用。另外，可通过智能合约为表现好的员工发放奖励，并使表现不好的员工按照规则接受惩罚。

三是促进全球实现跨境支付智能操作。在人力资源部门的工具包中加入区块链，可以更加准确、透明地核实和记录跨境差旅费，使处理跨境税务问题更容易。区块链技术使全球劳动力在同一时间变得更具流动性，使"交换"劳动力更容易、更直接，跨境验证多重签名系统将成为历史。

五、平凡之路：走向"已知"的未来

（一）技术革新的思想洗礼

任何技术都存在辩证性，尽管作为一种生产力，区块链最终将推动社会发展，但我们仍然要谨慎地评估区块链技术对未来人类社会发展的深刻影响，设置一定时间的试验观察期，谨慎推行其应用政策和适用边界。特别是在较为敏感、涉及国家重大安全的经济领域、军事领域、文化领域等，我们更应当如此。对于生命个体而言，职业经历的意义在于实践而不是分布式账本中的一堆冰冷的数据。人们不能为了追求所谓的技术发展和经济利益而失去劳动本身所具有的情趣、快乐，我们应避免成为有生理体征的"机器人"。从哲学的意义来看，"人理"的确存在于人的行为之外和之上，应将技术的发展及其对人力资源产生的影响控制在理性范围内，而不是"大跃进"式地高扬它、推动它，也不是颠覆它、毁灭它，对待区块链技术也应如此。

（二）人力资源的价值回归

在区块链构成的人力资源生态中，应聘者、求职者、企业等主体的交互成本大大降低，从中获取的信息将更加全面、真实、及时。各主体之间的地位将更加平等，企业更不容易利用身份资源优势和信息不对称对候选人进行施压，双方对工资、待遇、职级等要素的谈判将更加公正，所谓的议价优势也会被削弱。人力资源信息的透明度将越来越高，人力资源各环节所谓的"运气"成分的影响也越来越小。区块链能够应用于多个系统，在职业生涯的不同阶段，一个人由于主/客观原因会以不同的角色出场，通过区块链系统，个人能更准确地定位自己、合理评估自己的职业价值。每个人都有可能在不同角色之间转换，都能借助快速、高效、快捷的社交网络发挥相应的人力才能，人力资源活动将不再是雇主、候选人、员工等多个主体之间的二元博弈、零和游戏，而是每个人寻求工作理想、人生价值，发现自我，乃至发展人际关系和满足社交需要的多元场域。

（三）人才格局的重新洗牌

纵观历史上的每次重大技术进步，其不仅引领行业发展，还影响着个体的命运。从大数据、人工智能到区块链，新技术可显著提高各行业的效率和价值，也考验着行业从业人员的能力。对于个人而言，应提高忧患意识，以积极谨慎、容错纠错的心态去学习，不断地适应新技术、新方法。对于企业组织而言，应继续树立以人为本的理念，构建价值体系，更加深入地思考如何激励和发展人才。

第十章

区块链娱乐：新娱乐"帝国"的崛起

　　区块链最大的魅力在于，在很多需要中介和信用的地方，它都能发挥作用。回归区块链的本质，归根结底它是一种价值传递网络，它将各种主流的价值嵌入特有的块链式结构中，通过分布式账本、共识机制、密码学、智能合约和点对点传输（P2P 网络）等技术实现内嵌的价值交换，从而在不知不觉中取代传统的中介机构和信用机构。那么，区块链在娱乐行业能发挥作用吗？这是一些娱乐行业的专业人士常提出的问题。不妨反问一下，娱乐行业需要中介和信用吗？答案当然是肯定的。从区块链与娱乐行业的结合现状来看，在音乐、游戏和影视等领域，都出现了区块链的身影。或者说，区块链已经为娱乐行业带来了新的发展机遇。

一、区块链音乐：从版权到利益分配

　　众所周知，进入 21 世纪后，互联网是音乐最有效的传播和共享途径。尤其是移动互联网和各种移动终端技术的发展成熟，使传统音乐经历了一次历史性的变革，其逐渐演变为数字音乐形式。

　　区块链要为音乐行业带来革命性的力量，首先需要具备一个前提：数字音乐要不断发展壮大。从狭义层面理解，区块链也是数字技术的一种表现形式，它要在音乐领域发挥作用，就必须与数字音乐相结合，这样才能显示它

所特有的力量。

在谈区块链音乐之前，我们有必要深究一下目前已有的数字音乐市场的规模，以期从根本上解读区块链音乐。艾媒报告显示，近年来，中国数字音乐的市场规模不断扩大，目前数字音乐用户保持持续增长态势，QQ音乐、咪咕音乐、网易云音乐、酷狗音乐的用户均呈现增长态势，且用户的满意度保持在稳定状态。

这几年每到年末，各大音乐平台会陆续发布个人年终盘点H5，获得了用户广泛关注和互动。音乐平台发布的个人年终盘点包含用户年度听歌数量、听歌总时长、最喜欢听的歌、最喜欢的音乐类型、年度歌手、最晚听歌记录等。艾媒咨询分析师认为，定制化的个人年终盘点连接了用户一年来的温馨回忆，传递了平台对每位用户个性化的关怀与理解，成为平台塑造温暖形象的绝佳机会。与此同时，近年来数字音乐平台大力发展知识付费，中国数字音乐付费用户的主要付费内容为付费会员（33.3%）、付费音乐包（29.4%）、单曲购买（26.4%）、数字专辑（21.9%）。艾媒咨询分析师认为，在线音乐付费用户的付费以音乐内容为核心，其中付费会员由于权益丰富、性价比高，成为用户的主要选择[①]。如此看来，数字音乐已经成为音乐市场的主流，其传播和发展主要是围绕数字技术而展开的。无论是免费共享的音乐，还是付费音乐，都有其特有的市场和用户。

为了长期促进数字音乐平台的运营和可持续发展，如今的数字音乐市场已经逐渐从前期的"免费共享占据市场"向后期的"版权付费抢夺权威热点音乐市场"转变，而支撑这个转变的核心要素就是数字音乐的版权归属问题。

无论是数字音乐原唱者（原创者），还是数字音乐的传播平台，都将在版权付费的年代进行一场"利益分割战"。因此，将与数字音乐的版权挂钩的利益分配清楚，是"后版权时代"的数字音乐市场有序发展的一剂良药。也就是说，在"后版权时代"，诸多数字音乐的共享方式已经从前期的无条件共享向有条件共享和"不共享"转变。所以，在区块链时代，区块链赋能数字音乐领

---

① 艾媒报告.2019年中国在线音乐市场监测报告[R/OL].（2019-03-07）[2020-09-03]. https://www.iimedia.cn/c400/63766.html.

域，必然要围绕数字音乐版权的利益纠葛问题及版权的确权问题而展开。

数字音乐与区块链结合，从目前的发展趋势来看，已经不是一件特别新鲜的事情，而成了受众多数字音乐商所关注的"公共新闻"。近期，就连台湾著名音乐产业公司 KKBOX 旗下的投资公司 KKFARM（科科农场），都开始与 Bitmark、中国信托联手，共同研究创建区块链音乐平台——Soundscape 在田，集中使用区块链技术解决数字音乐的版权问题。从目前来看，区块链与数字音乐领域的结合与赋能，对于解决数字音乐的版权问题具有重要作用，并且已经受到了广泛关注。

在原有的数字音乐市场环境中，长期存在权利归属不清晰、侵权难归责和版权收益分配困难等问题，各种盗版的数字音乐"盛行于世"，而数字音乐的创作者反倒被抛弃。这些问题对数字音乐市场造成了很大的冲击，对整个数字音乐行业的发展都很不利。将区块链应用于数字音乐行业，有望改变这一现象。

区块链因具有去中心化、时间戳、分布式账本、智能合约等技术特点而具有独特的优势。分布式账本与哈希算法可提高数字版权交易信息的透明度，时间戳记录能有效防止数字作品被盗版，去中心化和智能合约为数字作品创作者增收。在数字版权方面，未来区块链应在分布式账本统一标准、数据存储空间扩大、国家管辖权兼容等方面有所突破[①]。人们正在使用区块链赋能数字音乐版权领域，通过智能合约、时间戳、溯源机制和哈希算法等技术的运用，赋予数字音乐版权"唯一性"和"真实性"，以期实现数字音乐版权的确权，从而保证对数字音乐共享和利益分配过程的有效记录，为后期各种侵权和利益分配错乱问题的归责与矫正提供有效的"证据"。

与此同时，原本那些因为中心化而存在的数字音乐版权商和中介商，似乎正在被行业抛弃，取而代之的是数字音乐的版权所有者。他们同时兼具多重身份，包括数字音乐的创作者、数字音乐的版权所有者和数字音乐的共享利益分配者等，这也使作品能原汁原味地呈现给消费者，减少了市场第三方的各种炒

---

① 张省，董盈. 基于区块链的数字版权保护研究[J]. 科技管理研究，2020，40（1）：132-136.

作和包装。

因此，在数字音乐向区块链音乐转型的过程中，市场第三方逐渐呈现退出市场的趋势，而数字音乐的创作者开始充当这个第三方的角色。那么，对于整个数字音乐行业来说，在区块链的帮助下能达到两种目的：一是在"多劳多得、不劳不得"的数字音乐利益分配机制的支撑下，该行业将激励更多作品创作者的创作激情，并在不远的将来迎来创作爆发期；二是在市场扩张之后，消费者将会有更多选择的权利，而且与传统的数字音乐市场相比，消费者在区块链音乐时代获得的商品质量更高、更加个性化。

总之，区块链在解决数字音乐领域的版权问题的同时，也直接或间接地赋予整个数字音乐领域以新的生命力。借助区块链，数字音乐市场的第三方被创作者"逼退"，数字音乐行业链条变得简短且牢固。与此同时，在连接创作者和消费者的区块链闭环系统中，区块链把之前各种溯源性和确权性问题所产生的时间成本逐渐消掉，从而在高度透明的市场空间中将时间成本压缩。因此，对于数字音乐行业来说，区块链的革命性力量已在孕育中，数字音乐行业将迎来新的发展机遇。

二、区块链游戏：新的万亿级市场

随着物联网、大数据、云计算、人工智能、区块链等新一代信息技术的不断发展，以及各种电子终端设备的发展，各种网络游戏的载体、内容、交互界面和不同玩家之间的互动方式都发生了巨大的变化。相较于传统的那种电视机游戏和游戏机游戏，如今的游戏已经在本质上有了突破和超越，成为一种全新的移动"游乐场"。

近年来，由于网络游戏参与者的规模不断扩大，全球的网络游戏市场迅速崛起，网络游戏的市场规模年年递增。艾媒数据中心（data.iimedia.cn）公开数据显示，2011—2013 年全球 PC 网络游戏市场规模呈增长趋势，2013 年市场规模为 288 亿美元。2014 年有所降低，为 247 亿美元，此后全球 PC 网络游戏市场规模恢复逐年增长趋势。图 10-1 显示，2016 年全球 PC 网络游戏市场规模突破 300 亿美元，达到 310 亿美元；2019 年全球 PC 网络游戏市场规模达到 428 亿美元[①]。

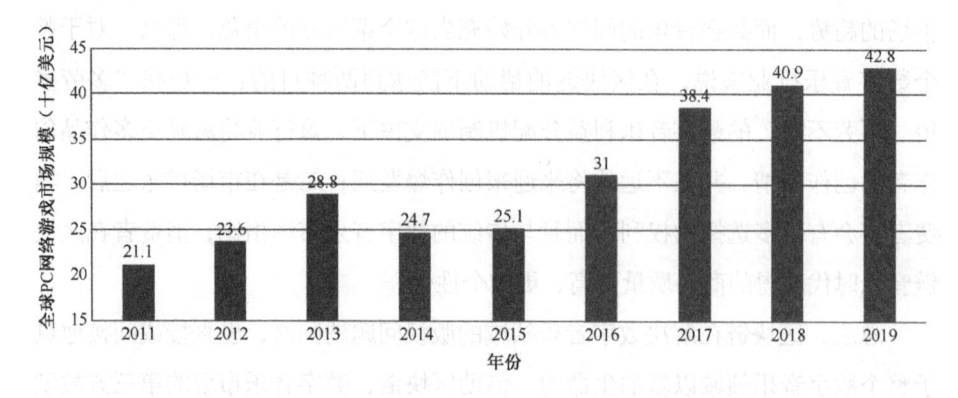

图 10-1　2011—2019 年全球 PC 网络游戏市场规模

近年来，各种移动终端不断崛起，已经成为新一轮的网络游戏的核心载体，绝大部分网络游戏玩家已经逐渐从 PC 端向移动端转移。从移动端来看，仅在中国，2019 年全年，移动游戏市场实际销售收入就已经达到 1581.1 亿元[②]。

在如今的智能互联网和价值互联网时代，网络游戏的内容和形式发生了"质"的变化，尤其是随着区块链的应用，各种 DApp 诞生，为众多游戏用户共同参与某个共同的"任务"提供了便利：一方面，这种应用是基于网页、浏览器的应用，相比于桌面应用程序，节约了成本；另一方面，它为不同参与者之间的沟通提供了便利，信任问题得以解决。因此，区块链与游戏领域的结合越来越受到人们的欢迎——区块链游戏应运而生。

简单来说，区块链游戏就是指区块链与游戏领域的结合，它可以是在区块链诞生之后催生的新游戏，如加密猫（Crypto Kitties）等，也可以是在传统的游戏种类中融入区块链的进化游戏。

人们熟知的加密猫（见图 10-2）就是一款基于区块链的养猫游戏，包括猫

---

① 艾媒网. 游戏行业数据分析：2019 年全球 PC 网络游戏市场规模为 428 亿美元 [EB/OL]. （2020-03-25）[2020-09-08]. https://www.iimedia.cn/c1061/70267.html.

② 前瞻经济学人问答. 2020 年中国网络游戏行业市场发展现状分析 移动游戏市场份额最大[EB/OL]. （2020-09-05）[2020-09-08]. https://dy.163.com/article/FLP3G3CO0519811T.html?referFrom=baidu.

的生育、收集、购买、销售等部分。加密猫作为全球首款区块链游戏，最早是由加拿大初创公司 Axiom Zen 基于以太坊平台推出的全球首个区块链开发的。加密猫是一群讨人喜欢的数字猫，每只猫都拥有独一无二的基因组，这决定了它的外观和特征。玩家可以收集和繁殖猫，创造出全新的猫并解锁珍稀属性。在这个游戏中，每个参与者都想从中培养出名贵的猫，但由于底层技术是区块链，参与者无法篡改和左右游戏的进程，在一定程度上只能靠运气。当然，也正因为如此，公平性和透明性为加密猫的发展赢得了不错的"口碑"。在推出后不久，该游戏的交易额就开始出现大幅度增长。当然，在加密猫游戏之后，又出现过很多类似的区块链游戏，如奇虎 360 的"区块猫"、小米的"加密兔"、百度的"莱茨狗"和网易的"招财猫"等，这些都在区块链宠物养成游戏中占有一席之地。

图 10-2　加密猫

从目前来看，区块链游戏行业的发展还处于探索阶段，但各种区块链游戏品种不断增加，目前市场上出现的区块链游戏已经有上百种。在开发平台逐渐增多、应用平台逐渐多样和交互平台逐渐发展成熟的前提下，区块链游戏已经开始逐渐进入市场，并赢得消费者的青睐和投资者的持续关注。

早在 2018 年 6 月 6 日，贝尔链 CEO Vincent 在接受采访时称，截至 2018 年 6 月，以太坊平台上的游戏可交易道具总交易额已达 10 亿元。2018 年是区块链蓬勃发展的一年，也是区块链游戏真正得到关注的一年，预计到 2023 年，

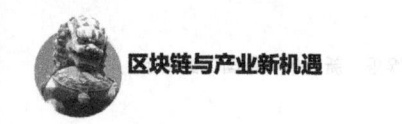

游戏道具交易规模可达到 1 万亿元①。

区块链游戏的市场已经开始膨胀，诸多 DApp 上的交易额较为可观，且活跃用户数较多。

尽管区块链作为一种新兴技术，尚处于不完善阶段，但各种区块链游戏仍备受欢迎。深究其原因，主要在于区块链游戏行业存在有其合理性，自然就有属于它的市场。从根源上看，区块链游戏之所以备受欢迎，主要有以下几方面的原因。

一是区块链游戏的理念和运营方式相比于传统的网络游戏模式具有颠覆性，对于老玩家和新玩家都具有极大的吸引力，尤其是对于那些追求时尚的玩家来说，这种看似神秘、实则易于操作的区块链游戏恰好符合他们的喜好。

二是主流媒体的介入和流量担当的参与。在以区块链为中心的价值互联网时代，流量经济与价值网络相互交叉和重叠，一旦区块链游戏市场的营销团队抓住这种叠加后的时代属性，就能在最短的时间吸引广大玩家的目光。

三是区块链游戏的共识机制和加密算法解决了人际信用和契约信用中存在的信用危机问题，并在游戏的开发者、运营者和消费者之间建立了一个公开、透明和公平的交互空间，弥合了三者之间的隔阂，重新定义了整个网络游戏行业的发展格局。

因此，区块链游戏未来将成为很多游戏玩家的至爱，一个万亿级的游戏市场即将爆发。

三、区块链影视：创作直连消费者

区块链影视，是指区块链催生的影视新领域，既包括直接以区块链为拍摄对象的教育类和知识普及类的影视，又包括将区块链作为底层技术架构的影视。此外，部分影视制作商尝试将两个方面结合起来，以便消费者在体验相关产品时，能够亲身参与区块链影视的实际环节，而不只是以一个独立的消费者

---

① 耳朵财经.贝尔链 CEO-Vincent：2019 年全年区块链游戏市场规模巨大[EB/OL]. (2018-06-08) [2020-09-08]. http://www.iterduo.com/news/51050.

的身份参与其中。

区块链影视最初崛起，一方面得益于区块链的发展、完善、普及和不断走向成熟，这无疑为区块链影视的发展奠定了最基础的技术支撑力；另一方面得益于广泛的市场需求的刺激。在区块链影视项目筹划阶段，部分具有先见之明的投资者就已经用自己"毒辣"的眼光看透了未来的趋势，纷纷向该领域注资，即便是投入巨额的"沉没资本"，也仍然对该行业保有期待。当然，在区块链影视产生之后，区块链爱好者和顶级玩家的支持，以及众多主流媒体的关注与报道，也激起了人们的热情。

2018年2月，全球首部区块链纪录片《区块链之新》面世，该纪录片展示了各区块链行业领军人物的现实活动和经历。2018年6月20日，全球第一部倾向技术领域的纪录片 *Next: Blockchain* 上映，在多个主流媒体热播。该纪录片主要从技术解读的维度，让全球知名区块链从业者用最简洁的方式介绍区块链。2020年10月18日，《圣人大盗》（华语市场首部区块链主题电影）上映，该影片主要从资本市场运作与虚拟资本市场运作两个维度，具体阐释了资本市场中的那些不透明与透明的运作环节。

从这三部作品来看，前两部纪录片对区块链的发展历史、发展脉络和技术架构等基本知识的普及具有重要意义；而首部区块链华语电影的上映，说明区块链影视的发展已经由电视纪录片转向电影行业，这是一个重要的突破。总体来说，这三部作品无疑为揭开区块链的神秘面纱做出了卓越贡献，为人们了解区块链提供了宝贵的资源，为区块链影视未来的发展积累了宝贵经验。

上述三部作品的面世及其受到的广泛关注，在某种程度上已经打破了区块链与影视行业融合领域的寂静，与之相应的区块链影视之春就快要到来了。目前人们对区块链的关注度越来越高，等到区块链真正广泛落地并让人们真正地认识到其优势与价值后，区块链将应用于人们生产、生活的各领域，为各种区块链影视制作提供充足的素材，从而促进行业的飞速发展。

未来的区块链影视注定会由前期的试探型、研发型和普及型转为后期的市场应用型、全媒体（自媒体）娱乐型和全民参与的、自主生成的分布式短视频型，从而实现"自上而下"和"自下而上"的交叉与共融。

在区块链赋能下，对于那些直接将区块链作为一种影视制作手段的作品，其融资、制作、版权和传播（共享）等模式都发生了变化。区块链影视融资采用一种直接的利益反馈机制，基于智能合约和工作证明机制进行利益分配，避免暗箱操作。在影视制作领域，制作者、消费者与中间商之间的隔阂可通过应用区块链等技术消解，甚至在某种程度上，传统意义上具有重大支配权利的中间商会被踢出局，从而使制作者与消费者之间的关系变得更加紧密，使制作直连消费者，或者使消费者直接参与影视制作过程，从而产生消费者期待的作品。

在区块链影视作品发展成熟后，其版权问题被提上日程。在如今开放与共享的文化环境下，相关作品存在盗版问题，但将区块链嵌入影视制作的相关环节之后，作品版权问题有了解决方案。以区块链微视频为例，版权所有人可以自行决定作品价格和分销奖励，消费者通过付费收看，平台依据智能合约自动将费用结算给版权所有人、作品分享者；所有作品上传、点播、转发、支付等过程都由智能合约自动执行，由区块链对全过程进行存储记录，保证行为一旦发生则不可修改、不可抵赖，并且可追溯[①]。

在区块链影视制作、融资与发行领域，国外研究机构 Ampere Analysis 于 2019 年 10 月 26 日专门发布《电视&电影制作、融资和发行中的区块链应用》白皮书[②]。该白皮书集中阐释了影视产业中的三个相互关联的价值链——"制作融资价值链""内容发行价值链""直接对接终端消费者价值链"，以及区块链是如何运用这些价值链来简化交易流程和降低成本的。

在传统的利益分层结构中，由于不透明的交易过程，各投融资参与方能得到的数据是非常有限的，导致很多分配结果并不是那么公平。但在区块链影视制作融资价值链中，影视制作各参与方之间的资金流动都是建立在规则、协议和利益分层基础上的，只要消费端和版权端有进账，整个区块链影视制作融资价值链就会根据原始的协议代码（智能合约）自动进行抽成比例下的利益分成，并不断地向各参与方实时发送动态的交易信息。换言之，在区块链影视制作融

---

① 刘仁. 区块链助力微电影微视频版权交易[N]. 中国知识产权报，2017-02-10（011）.

② 影视产业观察. 独家报道：国际影视产业的区块链应用趋势[EB/OL].（2019-07-09）[2020-09-15]. https://www.sohu.com/a/325644350_100097343.

资价值链中，各参与方的基本权利得到了技术层面的保障，这样会避免很多问题。

在区块链影视内容发行价值链中，内容发行商兼有重复使用权、录播权、窗口期和限制权、地域限制和独家权等权利，加之区块链影视制作融资价值链和内容发行价值链能自动保证内容发行商的投资收益，且自动执行与实现，这些每时每刻都在激励内容发行商的积极性和主动性。从系统维度来看，区块链影视制作融资价值链的各参与方的积极性与主动性都将被激发到最佳状态，其会为实现共同利益分配的最大化而不断深挖和满足用户的多样化需求。换言之，在区块链影视制作融资价值链和内容发行价值链中，整个行业真正关注的是那些愿意为其共同作品付费的消费者，而不是传统的内容发行商（其随时都在管控和制约着消费者的选择）。所以，未来区块链影视的发展趋势已经凸显出来：传统的大型内容发行商垄断的时代开始衰落，取而代之的是以归还消费者自主选择权为核心的顾客时代。

区块链影视直接对接终端消费者价值链直接对接制作融资价值链和内容发行价值链，形成一个完整的影视行业价值链条。在区块链影视直接对接终端消费者价值链中，可直接从技术层面实现消费者自主选择权的确权，众多中间商退出或隐匿，整个区块链影视资金流自动、高效流通，极大地降低了整个流程的成本，这为消费者以低廉的价格直接从影视制作者手中购买产品提供了条件。与此同时，消费者的多样化需求也将以最直接的方式反馈至区块链影视制作者，这有利于制作者通过消费者来弥补产品的不足之处。当然，消费者也更希望产品的制作者这样做。

四、区块链娱乐：再造产业价值链

区块链赋能娱乐行业，将会在现有的基础上引领传统娱乐行业拥抱新兴技术，助力娱乐行业走向新未来。在区块链娱乐行业，无论是区块链音乐、区块链游戏，还是区块链影视，都已经与区块链"沾边"，开始呈现去中心化趋势，其产业规模、发展模式和市场配置，都与区块链有着千丝万缕的关系。从

区块链的探索阶段来看，各种不同的娱乐行业与其融合大致都经历了以下几个阶段。

一是准备阶段。基于不断涌现的区块链素材，以及部分成功应用案例，极具市场嗅觉的部分娱乐企业开始将区块链作为一个对象进行研究。

二是尝试应用阶段。当部分最先集中精力关注和研究区块链的娱乐企业发现了其中的机遇时，便会着手进行市场开发。这部分企业通常会有两种极端的命运：在某种程度上，它们极有可能成为行业"先烈"；当然它们也有极大的可能一跃成为新生代的行业龙头。

三是常态化应用阶段。此阶段围绕区块链打造的"链上娱乐"模式已经发展成熟。此时，行业内的诸多企业主要着力于在更多的细分领域深挖消费者的需求，力争在持续扎根的过程中与消费者"打成一片"。

事实上，目前区块链娱乐尚处于第一阶段，并有过渡到第二阶段的趋势。但从整体的发展趋势来看，随着大数据、人工智能、5G、区块链的不断发展成熟，区块链与娱乐行业的融合将会更加深入。届时，娱乐行业的信任危机问题将被最大限度地解决。

在区块链的助力下，传统的泛在网络将变成一个价值互联体系，信息互联网向智能互联网和价值互联网转变，传统娱乐行业的发展格局将被打破。区块链娱乐在继承传统娱乐行业经典发展思路的同时，会将原来那些因多个第三方参与产生的复杂利益分配模式变得简单且透明，从而减少利益纠纷，尤其是能有效治理复杂环境下产生的黑色产业链。

因此，未来区块链娱乐必定是充满魔幻色彩的，各种新兴技术相继涌入，不断激发娱乐行业的创新活力。

首先是价值再造。从纵向的产业功能分工角度来看，区块链娱乐行业价值再造趋势明显。区块链娱乐行业的技术研发与应用、文化创意产品的制作与传播、衍生品的制作与推广等环节，同样具有价值增值功能，它们用产品或服务运作的逻辑考察产业增值过程，表现为娱乐产业的线性价值链，涉及技术研发、策划、生产制作、市场营销等环节，从而推动各环节的有效链接[1]。具体

---

[1] 百度百科.泛娱乐：价值链整合[EB/OL].（2018-08-27）[2021-03-01]. https://baike.baidu.com /item/ %E6%B3%9B%E5%A8%B1%E4%B9%90 /8162329?fr =aladdin.

而言，这套完整的生态价值链的生成，得益于配套的相关娱乐政策、完善的技术监管体系等，一个健康的价值增值链周而复始地运转，等待着人们从中汲取行业养分，继续开拓创新。

其次是释放价值。区块链娱乐行业的中介平台退出机制，实则是将版权收益归还给娱乐产品创造者，将价值选择权归还给消费者。区块链娱乐行业与传统的娱乐行业存在显著差别。版权和收益的可支配性可在最大程度上激发娱乐产品创作者的创作热情和创作灵感，使创作者更加积极、主动和自觉地开展创新创造活动，在价值创造的过程中享受价值释放后的喜悦。这种摆脱垄断中介控制之后的自由化创作，也将为行业带来新希望，产品创作者将"跟着消费者的需求走"，创造消费者真正期待的产品。而对于消费者而言，一个较为直观和简化的"制作直连消费者"的消费与反馈机制，直接改变了娱乐行业的价值分配方式，区块链娱乐领域的价值不断释放出来。

最后是创造区块链娱乐的"乌托邦"。在未来的区块链娱乐行业，有无限多的新颖事件，有无限宽广的市场，更有全民参与的价值创造。在整个区块链娱乐空间中，每个人都可以用自己的劳动在这个市场环境中换取想要的东西。人们一直在尝试用现代化的技术手段改变如今的娱乐行业，试图在最前沿的领域赋予所有"玩家"现代化的娱乐自由——一个全新的娱乐"帝国"正在崛起！

第十一章
价值与信任：从互联网到区块链

互联网的快速发展和广泛普及，使人们在网络上构建点对点的连接变得非常容易。而区块链以无中心、透明化、保密的技术形式出现，实现了节点之间的信任构建、价值传递，从而重建了新的社会信任，开启了价值互联网的新时代，也为互联网行业的发展带来了新机遇。

一、发展脉络：从互联网到区块链

无中心、分布式等具有区块链特征的思维模式并非空穴来风，它是互联网自然"进化"的结果。提及区块链，我们从互联网的一个基础设施——路由器说起。路由器的基本功能之一是传递信息包。每个路由器都有一个ID，彼此联结起来的网络不需要任何中心。每个路由器不间断地接收、整理其他路由器发出的信息，并把自己掌握的信息发送出去。基于这一工作原理，每个路由器都"点对点"地掌握了整个网络的连接状态，也准确获悉了接收和发送的信息，以及这些信息"从哪里来，到哪里去"。正是路由器的这种无中介、点对点传输、平等参与的工作方式，促进了互联网的高速发展，实现了人与人之间近乎零成本的信息传输及价值传递。

以路由器为代表的设备衍生出来的共生、无中心等思想，也是"区块链思维"的早期萌芽思维。

第十一章 价值与信任：从互联网到区块链

当然，区块链和互联网之间的关系一直存在争议。有人认为，区块链是互联网再次升级的版本，如同互联网诞生时一样，区块链必将引发一场新的技术变革。然而，也有人认为，区块链只是互联网的一个小分支，我们不能太高估它的影响力。但无论如何，区块链的确给互联网社会带来了很大改变，可以说是互联网的第二个时代。

目前，区块链技术尚处于最初的发展阶段，任何人无法确切知道它会在人类社会发展中起多大作用，但抛开现实，仅从理论研究的角度看，区块链与互联网存在一些不同之处。例如，在安全性方面，互联网是用户越多，安全问题越容易暴露，而区块链则是节点越多，安全系数越高；在规则方面，互联网是在混乱中逐步构建规则，而区块链是在规则中连接混乱。

从互联网发展而来的区块链到底是什么？本质上，区块链技术是一种互联网数据库技术，其特点是去中心化、公开透明。这是一种全民参与记账的方式，所有的系统背后都有一个数据库。在区块链系统中，每个人都有机会参与记账、录入数据。区块链中的每个主体都可以拥有一个完整的账本副本，通过即时清结算模式来保证多个主体之间数据的一致性，规避复杂的对账过程，实现结果可信（智能合约、公式算法）和历史可信（块链式结构、时间戳）①。

二、彼此关系：区块链与互联网的联系及区别

区块链和互联网到底有什么关系？二者又有什么区别？

首先，应用程序方面。在互联网世界，应用程序被放在重要位置。移动互联网迅速发展，智能手机成了个人终端设备，每个人都成了流量入口。每个开发者都在重点关注移动互联网市场的红利，一个好的想法只要能进入用户手机，并能得到用户的支持，就有可能带来滚雪球式的利润。而在区块链世界，应用程序被弱化。加密技术、P2P 网络、共识算法等更加注重协议，而不是程序。

其次，数据方面。区块链之所以能解决价值等值的问题，得益于其分布

---

① 申屠青春.区块链开发指南[M]. 北京：机械工业出版社，2018：1-37.

157

式的数据存储。在互联网社会，互联网巨头直接控制数据流和商业交易的命脉。公司的价值正在高速扩张，但为其提供数据的用户不会分享这些数据带来的利润。数据的价值直接由巨头企业垄断。因此，在第三方因素干扰或阻碍的情况下，个人创造的价值难以真实地反映出来。换句话说，在互联网世界，互联网公司无偿占有用户数据，并且能将数据变现。例如，Google 运用人工智能算法向用户推送其可能喜欢的内容，形成新一代的信息消费。其用人工智能技术把数据价值发挥到极限，但这些数据提供的价值最终没有反馈至用户个人。

应用区块链可以解决这个问题，因为区块链是一种准确记录价值的技术，其可以实现直接参与和点对点直接记录。这样，只要贡献数据，用户就可以获得相应的奖励。

同时，从数据这一角度，我们也可发现互联网与区块链之间的联系。在区块链中，代码是开源的，这些代码会融入互联网设施中，可以说区块链是"去设备化"的。互联网提供的海量数据经过严格的秩序化、格式化后进入区块链，再通过加密、脱敏等技术变成一个个数字身份，最终实现互联网与区块链两个世界的互动。

再次，生产力和生产关系方面。互联网更注重的是生产力的提高，原因在于互联网是基于 TCP/IP 协议的自上而下的共识，是基于中心化服务器的寻址解析方式达成的数据交换。区块链更注重通过"底层民主式"的自下而上的去中心化技术，在共识的基础上设计通证经济模型。区块链更多地强调生产关系变革。可以说，互联网和区块链，一个本身是新兴的生产力，另一个是提高生产力的技术，展现的是生产关系，二者本质上有所不同。

最后，ID 方面。在互联网时代，网址代表一个公司的形象，也是一个公司的"标配"。用户通过网址查找内容，借由一个中心化的服务器从上往下获取内容。网址是互联网的 ID。在区块链时代，通证是企业形象的表达，社群的所有人认可通证的价值，在此基础上建立密切合作的关系，自下而上构建一个真正的、民主的"共同体"。在区块链世界，数据一定隶属于某个 ID，隶属于某个社群。

我们需要建立区块链与互联网之间的良性互动。通过不断找到两者结合的

最佳方式，区块链可以为自身的成长和应用找到新的土壤，而互联网可以通过区块链来找到全新的动力源泉。区块链将与大数据、云计算、人工智能一样，成为驱动互联网行业再度发展的动能。

三、意义何在：区块链之于互联网

从上文可知，与区块链相比，互联网最大的痛点是无法低成本解决"信任传递"问题，这个过程也包含"价值传递"问题。无论是即时通信、社交网络、媒体，还是银行、电商、公共服务，都是中心化设置，互联网正在遭遇的信任危机、面临的发展瓶颈主要是由超大规模应用中心造成的。每个中心都有独立的用户认证、账户管理、数据管理及交易等系统，这些中心之间相互独立，不能共享甚至相互排斥。每个中心都试图把用户积累的各种数据垄断性占有，形成"唯我独尊"的信息控制模式。然而，即便这样一个超大的、权威性的权力中心，也很难"自证清白"，无法有效解决互联网面临的信任危机。例如，当小王通过某 App 向小张发送信息时，小王无法证明自己发送给小张的信息在时间和内容上都是正确的，除非小张愿意配合提供准确的记录；而小张也无法证明小王发送过来的信息在时间和内容上没有经过他人篡改。即使引入小赵作为第三方扮演"监管人""公证人"，小张和小王也要承担小赵无法如实提供准确数据的风险。

信任的传递，其实就是"如何让别人相信"和"如何相信别人"的问题，也就是"自证清白"及"验证清白"的问题。对于以上小张和小王的例子，在日常生活中，通常小王会先提交自己对事件的详细描述，包括相关人证、物证等；小张对小王的自述进行主观分析，然后启动外调程序，派专人对小王所述情况及佐证材料进行核实。小张基于自己的分析和核实的结果，对小王的陈述做出是真或伪的结论。然而，这是一个相当低效、费时的工作，并且小张也没有办法确保参与调查的人的能力水平、廉洁度及所具有的伦理道德水平。

下面我们看看在互联网上如何进行"自证"与"验证"工作。举例来说，小王在一台新设备上第一次登录自己在应用平台小张（此处小张为平台名称，如电子邮件服务平台）上注册的账号。当小王输入账号和密码后，小张通常会向小王注册的手机发送一个短信验证码，小王正确输入该码后，小张将允许小王在新设备上登录。这一过程就是小张对小王做的一次身份调查，而小王的手机运营商，则是此次外调的第三方证人。当然，小张也可以采取其他的外调方法，之所以采用手机短信验证码验证，是因为这是目前最快捷、成本最低的方法，尽管这种方法不能完全确保安全性。

与"信任传递"关联性比较强的是"价值传递"，"价值传递"是"信任传递"的一个重要领域。举例来说，"价值传递"就是保证小王给小张的钱能安全、高效地送达。可以说，从古老的票号，到现代的银行，都是针对这一问题提出的解决方案。对于现代银行而言，银行是一种信任中介，它通过政府管控或商业规范性行为在社会中逐步建立信任，银行客户通过在银行的存款证实自己的价值，并以此为基础，以银行为中介向第三者支付。这是一种包含强大信任中介的解决方案，也是目前最有效的价值传递方法。但是，这种方法的代价非常高，因为银行运营的中介费较高，也就是客户承担的价值传递费用较高。从这个角度来看，"互联网+区块链"可以近乎零成本地解决"信任传递"和"价值传递"难题。区块链利用征信方面的优势对收集到的数据进行统计、分析，形成个人基于互联网的征信报告[①]。假设有一个区块链网络，网络中的参与者包含诸多企业的人力资源部门、税务机构、相关银行、医院和学校。小王向小张提交一个记录，表明自己月收入为1万元、身高为1.8米、身体健康等，并且这些记录经由自己工作单位、税务部门、医院等单位盖章确认。该记录经小王、小张双方签字后提交至区块链网络审核。所有网络参与者对小王、小张的身份进行验证，对有关部门的盖章进行核实。最后的审核结论由大家投票确定，并以大家达成共识的方式把审核结论和记录写入区块链中。如果该记录通过了大家的"公审"并被记入了区块链，则小王成功地向小张证明自己月收入为1万元、身高为1.8米、身体健康；同时，小张也验证了小王的陈述是真实的。

区块链的本质其实就是构建一个人人参与的、多元化的信任体系，实现可

---

① 陈向阳，汤丽凤.区块链对传统银行业务的影响与对策[J].征信，2018（1）：76-82.

第十一章　价值与信任：从互联网到区块链

信任的数据共享与价值传递。对于没有区块链的互联网，其在解决信任与价值传递问题方面显然存在短板。例如，对于单位的共享盘，只要是单位内部的人，都可以共享数据，并可以修改数据。但随意修改数据大大降低了数据的可信性。而区块链技术使每个参与者对自己写入的数据既不能篡改，又不能抵赖，这就解决了单位共享盘可随意篡改的问题。

区块链思维与互联网中的路由器思维类似，区块链网络中的参与者需要参与部署区块链服务器，该服务器分布式地部署在网络中，即使部分服务器发生故障也不会影响整个网络的运行；整个网络结构扁平，规模扩展容易，运维也并不复杂。不同的是，区块链服务器可由通用计算机构成，而互联网路由器则是专用硬件设备；路由器处理的是纯粹的信息，而区块链服务器处理的是价值信息。

我们必须客观看待区块链技术，区块链存在的一个重要意义就是站在互联网这一巨人的肩膀上，重新建构一套属于自身的生态体系。作为一种新技术，区块链并不具备"摧毁性"的力量。然而，"区块链不只是技术，更是一种哲学观。"[1]区块链的到来确实具有重要意义。

首先，区块链有利于提升用户的活跃度。目前，用户活跃度不足是互联网发展面临的重要问题之一。我们知道，目前用户对于互联网的操作已经非常熟悉，互联网式的供给逻辑已经难以满足用户的实际需求。寻找互联网之外的全新供给模式几乎成为当下所有互联网平台运营者都在思考的重要课题。作为一种新技术，区块链能够重新建构互联网，从而带来一种全新的信息分享模式，以此满足用户的需求。按照区块链的逻辑，每个人都是贡献者，每个人都是积极的参与者，主动参与整个行业的具体流程。在此背景下，用户的活跃度得到了有效提升。通过重新建构互联网行业的主体，我们找到了激活互联网行业发展的全新方式。这种方式无疑为社会带来了新的发展可能性和机遇。

其次，区块链有利于破解互联网的痛点。尽管互联网为我们提供了提高行业发展效率的方式和手段，但不可否认，仍然有很多问题是通过互联网手段无法解决的。特别是行业内的一些固有的痛点和顽疾，仅仅借助互联网是无法去

---

[1] 界面新闻. 现在的区块链是萌芽时期的互联网吗？[EB/OL]．（2018-02-05）[2020-12-02]. https://www.jiemian.com/article/1926562.html.

除的。在 B 端时代来临的大背景下，互联网行业的发展开始从消费互联网转向产业互联网，在这个过程中，互联网行业的入局者只有真正解决 B 端存在的痛点和难题，才能从根本上提高行业运行效率。区块链恰恰提供了这种可能性，通过将区块链落地到 B 端具体的流程和环节中，我们能够找到破解行业固有痛点的方式和方法，真正解决那些互联网时代无法破解的难题，从而真正将行业的发展带入一个全新的阶段。

最后，区块链有利于搭建全新的互联网生活生态。随着流量红利的消失，仅仅依靠新建平台的方式已经无法再高效地提高人们的生活水平。我们期待互联网行业与新技术邂逅，开启一段新的旅程，展现一幅新的美景，而区块链技术正是诸多新技术中的重要一员。与其他技术不同的是，区块链技术不仅是技术本身，而且可以建构一个属于自己的生态体系。因此，有人把区块链称作继蒸汽机、电力、互联网之后的下一个颠覆性创新[①]。在区块链的生态体系中，人们可以从不同的角度参与区块链，获取相应的"财富"，从而获得一种与互联网时代的生活完全不一样的生活。因此，区块链技术并不只是"颠覆"过去，还在历史的基础上持续地"创造"未来。当然，我们也不能对区块链过度崇拜。作为一种新技术，区块链不应该成为互联网的掘墓人，而应该成为实现"互联网让生活更美好"这一理念的催化剂。只有这样，区块链行业才会发展形成一个专属于自己的场域，进而构建更加美好的互联网生态圈。

四、属性变化：从信息互联网到价值互联网

如今，人们经常提及价值互联网，期望能够在互联网上像传递信息一样方便、快捷、低成本地传递价值。这样，我们就能够从信息互联网时代走向价值互联网时代。

因为有了信息互联网，人类社会发生了翻天覆地的变化，社会福利随之大

---

① 新华网. 比特币的冰火与区块链的蓝图——区块链，你是下一个互联网吗[EB/OL]. (2018-02-19) [2020-12-02]. http://www.xinhuanet.com/fortune/2018-02/19/c_1122429392.htm.

幅度增加。互联网方便了政府部门远距离、快速地收集和整理相关信息，精准地扫描、发现和定位社会治理问题，从而及时地响应社会需求①；另外，民众也能够通过互联网获取信息，表达意见和诉求，与有关政府部门进行互动，包括积极参与社会治理、提供社会治理的问题信息和效能反馈等。而有了价值互联网，人类社会将迎来一次革命。

2017年6月，世界经济论坛发布的白皮书《实现区块链的潜力》指出："区块链技术能够催生新的机会，促进社会价值的创造与交易，使互联网从信息互联网向价值互联网转变。"想要在互联网上进行价值交换，则需要解决"如何确保价值交换的平等性""如何确立价值交换双方的信任关系""如何确保双方的承诺能够依靠网络的智能合约自动执行，无须可信第三方的介入"等问题。

毫无疑问，交换价值充满着"博弈"，因为价值的核心是"最大同心圆""最大公约数"。信息互联网阶段只是交换信息，相对简单。在区块链阶段，交换价值需要达成共识，而共识形成的过程并不容易。幸运的是，建立在算法之上的区块链技术可以使互联网达成共识。区块链具有可编程性，能够自动执行约定的计算机程序，即智能合约，从而确保人与人之间的信任，真正实现各流程的数字化。

区块链的特色在于激励机制。只要有贡献，你就可以获得通证。例如，2018年，广东省佛山市禅城区政府推出了"共享社区App"，利用区块链、大数据等信息化手段创新"区块链+共享社区"基层治理方式，推出IMI身份认证平台，解决网上或自助办事时出现的人员身份真实性确认问题；通过构建点对点服务的线上/线下互动平台，实现社区居民资源共享。居民还可以获得积分奖励，积分可以用来兑换志愿者服务②。

价值互联网的特征由区块链特征决定。区块链能够构建一个信任、高效、可靠的价值传递体系，这种能力来自区块链的底层技术，如密码学技术，这些

---

① 黄少安,刘阳荷.区块链的制度属性和多重制度功能[J].天津社会科学,2020(3):89-95.

② 中国新闻网.区块链优化基层治理格局的"禅城创新"[EB/OL].（2018-11-13）[2020-12-01]. http://www.chinanews.com/sh/2018/11-13/8675723.shtml.

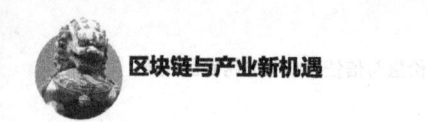

技术可以从根本上防止数据被篡改，这是价值互联网最基本的特征：数据决定价值，价值不可更改。价值互联网更重要的特征是使社区参与者基于价值去完成一个共同的目标。区块链所具有的以下特征，保证了社区人员会为了共同的价值而积极参与。

一是区块链具有去中心化的特征，使得交易双方不需要中心化的第三方的信用背书或助力就能直接完成交易。这也是价值互联网最显著的特征。"去中心化"是区块链系统的重要特征，"信任"和"自治"则是"去中心化"技术规则的逻辑延伸，但这只是弱化了中心控制，而不是消灭了中心[1]。这种"去中心化"并不是完全和绝对的，也"并不能天然地防止权力集中和增加个人自由"[2]，资源和信息的流动会促使形成新的中心，其背后甚至还可能隐藏着某种再中心化的阴谋[3]。

二是区块链作为分布式数据库技术，可以建立一个共享信息的公共系统，任何人都可以成为数据录入员，任何人都拥有完全数据。依靠一套共识算法，可以保证数据的真实、准确和透明，并使数据库记录的数据可追踪、可审计、不可篡改、高度透明。这样既解决了信息安全问题，又确保了每笔交易都是一次价值的确定。

三是区块链从一开始就确定了一个共识机制，共识一旦形成，很难进行更改，良好的共识是区块链发展的强大驱动力。

五、使命使然：信任社会的构建

在人类历史长河中，人类之间的信息共享曾因空间被限制，信息的传递只能局限在一定的地理范围内，一座高山、一条河流就可以把信息截停。同样，

---

[1] 赵金旭, 孟天广. 技术赋能: 区块链如何重塑治理结构与模式[J]. 当代世界与社会主义, 2019（3）: 187-194.

[2] 朱婉菁. 区块链技术驱动社会治理创新的理论考察[J]. 电子政务, 2020（3）: 41-53.

[3] 张成岗. 区块链时代: 技术发展、社会变革及风险挑战[J]. 人民论坛·学术前沿, 2018（12）: 33-43.

在人类历史长河中，人类彼此之间的信任只在少部分人之间产生。直接信任一个陌生人，是非常困难的。假如这个陌生人是你朋友的朋友，此时建立信任便会变得容易，因为这是基于第三方来建立我们与他人的信任关系。以区块链为基础的价值互联网可能改变这一情况。

在未来，应用区块链技术，我们可能不需要通过公司实体、朋友推荐或第三方信用系统来解决信用问题。因为人可能撒谎、朋友可能出卖朋友、第三方可能失去信用，但机器不会。机器通过数学原理而不是集中信用机构来解决信用问题。

在价值互联网中，区块链技术让网络中的每个人都具有互相信任的能力。虽然区块链不同合约之间还存在数据依赖等因素[①]，但区块链公开、透明、不可篡改、去中心化等特性使每个参与者都建立了属于自己的诚信节点。遵守游戏规则的人，会受到"激励"；不遵守游戏规则的人，将在智能合约的作用下受到惩罚。在长时间的潜移默化下，在利益与价值的趋同下，这种公开的"激励与惩罚"机制为人们所接受，人人都把建立自我诚信当成一种习惯，最终形成一种约定俗成的道德规范和法律约束。这一趋势发展的结果是，技术通过人的运用，展现出"善性"，成为治疗社会信用问题的一剂药方。

因此，区块链技术不仅重塑了价值体系，也重塑了道德体系。互联网让我们进入信息自由传递的时代，而区块链技术把我们带入人人互信的时代。在互信时代，讲信修睦是社区价值的重要共识。

总之，从互联网思维到区块链思维，一脉相承，又有所区别。"互联网+区块链"，是互联网的升级版，是一个多中心、去中介、民主式的可信任网络。现有的互联网应用及传统行业都将被区块链思维所重构，一个崭新的"互联网+区块链"应用的时代正在到来。

[①] 贺海武，延安，陈泽华. 基于区块链的智能合约技术与应用综述[J]. 计算机研究与发展，2018（11）：2452-2466.